涅槃

破生死，了無常，
看佛陀以身入滅來示現人間

釋迦如來應化事蹟 卷四

企劃——柿子文化　重撰繪製——清・永瑢
撰文——黃健原（淼上源）

Image 6

涅槃，破生死，了無常，看佛陀以身入滅示現人間
：釋迦如來應化事蹟卷四

企　　劃　柿子文化
重撰繪製　清・永瑆
撰　　文　黃健原（淼上源）
封面設計　林淑慧
主　　編　劉信宏
總 編 輯　林許文二

出　　版　柿子文化事業有限公司
地　　址　11677 臺北市羅斯福路五段 158 號 2 樓
業務專線　（02）89314903#15
讀者專線　（02）89314903#9
傳　　真　（02）29319207
郵撥帳號　19822651 柿子文化事業有限公司
投稿信箱　editor@persimmonbooks.com.tw
服務信箱　service@persimmonbooks.com.tw

業務行政　鄭淑娟、陳顯中

初版一刷　2021 年 1 月
定　　價　新臺幣 399 元
I S B N　978-986-99768-3-1

國家圖書館出版品預行編目 (CIP) 資料

涅槃，破生死，了無常，看佛陀以身入滅示現人間：釋迦如來應化事蹟卷四 / 柿子文化企劃；清・永瑆重撰繪製；黃健原（淼上源）撰文 . -- 一版 . -- 臺北市：柿子文化 , 2021.1
面；　公分 . -- (Image ; 6)

ISBN 978-986-99768-3-1(平裝)
1. 釋迦牟尼 (Gautama Buddha, 560-480 B.C.) 2. 佛教傳記

229.1　　109021301

釋迦如來成道記

唐太原王勃 撰

觀夫釋迦如來之垂跡也。淨法界身本無出沒。大悲願力。示現受生。洎兜率陀天。為護明菩薩。降迦毗羅國。號一切義成。金團天子選其家。自淨飯王為其父。玉象乘日。示來於大術胎中。金輪作王。創誕於無憂樹下。八十種隨形之妙好。粲若芬光。三十二大士之相儀。皎如圓月。四方而各行七步。九水而共沐一身。現優曇華。作師子吼。言胎分之已盡早證常身。為度生以還來。今垂化跡。於是還羈襁褓。示類嬰兒。為占相也。悲悵於阿私陀仙。往郊祠也。驚起於大自在廟。或為童子。或學聲聞。為講武也。箭塔箭井猶存。為捔力也。象跡象坑仍在。受欲樂於十歲。現遊觀於四門。樂沙門身。厭老病死。於是作瓶天子以驚覺。彰伎女之醜容。淨居天人以捧持。躍車匿而嚴駕。逾春城於八夜。棲雪嶺於六年。人辭愴戀主之心。馬舐落連珠之淚。揮寶刀而落紺髮。塔起天宮。將袞服以貿皮衣。形參山鹿。扣林仙之所得。了世定之非真。食麥食麻。降苦降樂。且瑤琴奏曲。必自中而曲成。佛果圓因。亦假中而果滿。由是擇其處也。過龍窟。浴其身也。入連河。示其食也。受難陀之乳糜。示其座也。受吉祥之茅草。以最後之勝體。詣菩提之道場。圓解脫之深因。登金剛之寶座。一百四十功德。不共二乘。八萬四千法門。高超十地。由是魔軍威懾於慈力。愁怖旋歸。媚女敗毒於定心。媸羸變質。於是堅牢地神踊躍而作證。虛空天子展轉而報知。類蓮華而出水。赫煥無方。若桂月以懸空。光明洞徹。經七日受提謂之麨蜜。警以少小之言。垂一音授賈客之戒歸。賜與人天之福。既成佛已。觀所化緣。悲二仙而不遇雷音。喜五人而堪從法化。然以塵根昧劣。聖智淵深。順其法。則法不應根。順其根。則根不達法。莫不為愛河之長溺。緣痴樂之所盲。苟不利於當聞。仍假言而入滅。於是忉利帝釋。雲驅於三十三天。堪忍界主。霧擁於一十八梵。頭面作禮。致敬精專。請轉法輪。勸隨宜說。如來尋念。

善逝通規。順古佛之嘉謨。應群機之鄙欲。于時十方佛現。同興讚美之詞。一乘法分。共創塵勞之域。由是起道樹。詣鹿園。三月調根。五人得度。憍陳如悟慈尊之首唱。㓞解標名。舍利弗逢馬勝以傳言。於途見諦。採菽氏繼踵以師事。率門屬以同歸。迦葉氏彙跡以降心。領火徒而回席。莫不以甘露洪注。末尼普應。天界人界。鶡林尸林。或鷺池。或鷲嶺。或獼猴江。或火龍窟。或住波羅奈。或居摩竭提。或依堅固林。或止音樂樹。或海濱楞伽頂。或山際補陀岩。或迦蘭陀竹園。或舍衛國金地。或應念而空現。或沒山而出宮。或說法假於六方。或變身而為三尺。或掌覆而指變。或光流佛來。或一身普集於多身。或此界復明於他界。或變淨而以淨覆穢。或隨俗而即俗明真。若空谷之答響。洪鐘之待扣矣。其間所說阿含四有。般若八空。密嚴華嚴佛藏。地藏。思益天之請問。楞伽山之語心。萬行首楞嚴。一乘無量義。大悲芬陀利。法炬陀羅尼。無垢稱之說經。須達拏之瑞應。本事本生之別。諷誦重誦之殊。象馬兔三獸之渡河。羊鹿牛三車之出宅。或謂之有空守中也。或謂之無轉照持也。或謂之頓也漸也。或謂之半也滿也。或無說而常說。或不聞而恒聞。或保任而可憑。或加被而不忘。無小而不大。無邊而不中。三乘同入一佛乘。三性同歸一法性。真可謂孩孺父母。險夷導師。懸日月於幽宵。布舟航於幻海。為雲為雨。使枯槁以還滋。為救為歸。指窮途於壽域。暨乎所作已辦。功成不居。將返本以還源。類薪盡而火滅。繇是指力地諸金河。光流面門相驚塵剎。山搖地動俱與苦痛之聲。異類變容。同現奢華之血。受純陀之後供。納毗夜之密言。唱四德以顯三伊。指萬有而歸一性。酬多羅迦葉。四十二請問已周。度須跋陀羅。八十一化緣將畢。破十仙之橫計。使獲朝聞。建四塔之崇規。遐滋末葉。將欲明有為之有滅。表無相以無生。上升金剛身往復虛空界。日月其猶墜落。螢光如何久留。誡有常身。使無放逸。於是還登玉座首臥鶴林。遍遊三昧之門。將復一真之性。逆入順入。全超半超。依四禪之等持。湛三點之圓寂。是時也。人天叫擗。鳥獸哀唬。飄風驟雲。山吼波逆。按輪王之古式。方俟葬儀。命力士以捧持竟無能動。繇是金棺自舉。遶拘尸之大城。寶炬不然駐闍維之盛禮。莫不未生怨在於王舍。創結夢於十號慈尊。大迦葉遠下雞峰。獲瞻禮於千輻輪足。畢以兜羅緻氎。聖火自焚。爇王眾栴檀之薪。注帝釋金瓶之水。彼願力猶在悲心。尚熏碎金剛之勝身。為舍利之遺骨。於是八國嚴衛。四兵肅容。各自捧於金罈。競歸興於寶塔。於是若牙若髮。迦葉波禮於忉利天宮。或炭或滅。無憂王建於贍部洲界。若乃金言道在。塵劫法存。象王去而象子隨。一燈滅而一燈續。莫不大迦葉雲迎千眾。阿難陀雷吼三輪。商那表定於未來。毱多化籌而盈室。始自壞梁之感。終乎流乳之徵。瓶器異而水必同。燈點殊而光終一。是以大乘之真空妙有。文殊彌勒異其宗。小乘而分氎枴金。上座大眾元其部。或十支宏闡。或千部鬱興。馬鳴龍樹繼其芳。無著天親播其美。或提婆鑿眸而作器。陳那吼石以飛聲。或百偈齊祛於外宗。或十師翊贊於遺頌。或聞經而夜升兜率。或待佛而窟寄修羅。或劍誓首以要期。戒象馱金而請釋。或賞能而食邑。或得勝而建幢。或論般若之理也名燈。或究俱舍之非也名雹。莫不殊途異轍終會一源。自有及空咸歸萬德。自商周見虹貫炎。漢夢金人。教及神州。聲流華夏。勃叨生季世。獲奉真譚。雖錄續而以敘金言。在飄零而不逢玉相。見聞盡是。宗致昭然。蓋委遺文。不復備而言也。乃為銘曰。

化起從本源　功成應賢劫　萬行顯真宗　三祇積鴻業
為法出於世　降靈示分脇　眉橫天帝弓　目帶青蓮葉
仙師相垂淚　天神爭捧接　灌頂當在宮　飛輪化彌帖
宗承天日貴　象貫師子頰　善教誰與傳　抨彈獨豪俠
遊觀驚老死　逾城棄臣妾　落髮親寶刀　貿衣遇群獵
寄跡狎麋鹿　苦身示羸怯　食麋人盡知　坐草魔方懾
潔若蓮出水　明逾鏡開篋　山海類高深　雲雷等辭捷
三時教彌闡　萬類根自愜　四問聊欲酬　十僊度相躡
補處記慈氏　遺文囑迦葉　臥樹徒載春　香薪已焚睺
悲心及綿遠　舍利光煒燁　獨我生後時　餘波幸霑涉

重繪釋迦如來應化事蹟緣起

我毗盧遮那如來。從本源世界。以同體慈悲。隨順眾生機緣。現千百億釋迦身。此閻浮提迦毗羅國。浄梵王子。示八相成道者。其一也住世八十年。說法三百餘會。開無量泫門。度無量眾生。展轉傳來。直至今日。然接音容而入道。在昔故多。回言相而發心。居今無有持世尊修燈源流。一期事跡。欲使家知戶曉。為難能耳。余初自衍泫蘭若得前明刻本。釋氏源流一部。觀其繪像集經。良有深意。使人一覽之下。見世尊之實行。聖跡昭彰。起皈敬之誠心。狐疑淨盡。其於初機後進。開發補益。殊非淺淺。惜其經像間有未符。稍不盡意。余因發心。另為繪寫。以廣流通。至有疑似之處皆請正於覺生澈公和尚。再三斟酌。始為定稿。但竺札衣冠什物。宮室城郭。本異此方。其舊本恐難利俗。故一依此土儀式。余惟三衣一缽。乃泫相之宏規。今謹依佛制。餘皆仍其舊本。佛像自夜覩明星後。方繪蓮花承足。表成佛之相也。唯佛一人會有金項光。餘皆無之。顯佛獨尊也。自應盡還源後。諸大弟子皆繪項光。用別允聖也。天龍善神無繪項光。易辨人天也。仙及波旬。雖有神通福力。究係魔外。概不與光。所以嚴邪正也。起自丁未仲夏。告成於癸丑冬季。兩經書手。三易畫工。歷七年之久。乃圓厥事。於是既滿我願。彌感佛恩。略述始終。筆難盡意。所願今而後。瞻是像。讀是說者。目言悟旨。即相明宗。各示八相以廣源流。共度含靈而空生界云。爰綴以偈：

歸命釋迦尊　圓滿清淨覺
泫身本無相　無相無不相
三身及化事　一切泫皆然
願覲是相眾　咸作如是觀

乾隆歲次癸丑佛成道日歸依三寶弟子　鎮國公永珊熏沐謹識

總序

《釋迦如來應化事蹟》一書，又名《釋迦如來密行化跡全譜》，本書是以漢傳經典編纂而成的佛陀傳記，也是佛教史資料（於佛滅後到佛法傳入中國之間），可以說是一種流通於漢地民間的佛傳與佛史圖書。

據此書序文〈重繪釋迦如來應化事蹟緣起〉內容來看，此書應是清朝乾隆年間鎮國公永珊，以明代刊本為底本，對《釋氏源流》（明寶成編）進行了重新撰寫和繪圖而成書的版本。考古專家認為此書是存量極少的佛教古籍圖書，而該書為雕版印刷，應是清乾隆五十八年和碩豫親王裕豐，據永珊的版本再摹刻上版，於嘉慶十三年刊成。

另外，再從〈釋迦如來成道記〉一文來看，這篇文章相當於最初的佛傳史記的大綱，之所以安置於此書作為序文，推測很可能是漢傳佛傳書籍流傳的緣故，可見此書最早是源自於唐王勃所撰的《釋迦如來成道記》（此書亦有唐道誠注的《釋迦如來成道記註》二卷）。之後歷經許多朝代的增修，明寶成編集的《釋迦如來應化錄》六卷，各篇章亦與此書篇章極為類似，可見在明清時期，佛傳故事的架構已經成型。又於《楊仁山居士遺書》卷中〈與王雷夏（宗炎）書〉便提及刻印流通此書之事：「接十七日手函，領悉種種。《釋迦譜》一書，久欲刊板，而無來款。貴友欲刻此書，可喜之至，但敝處所擬刻者，是藏經內十卷之本，與現在流通之本，繪圖二百餘幅者，迥不相同。此本原名《釋迦如來應化事蹟》，世俗呼為釋迦譜也，十卷之本，弟有明刻，二十年前交卓如兄，至今未還。若欲發刻，須將原書索回，否則無可借也，刻貲約在二百數十元……」由此可知此書在當時，即廣為流通。

然而，現今我們對於此書還是非常陌生，相關於此漢傳佛傳古書之研究，亦不多見。《釋迦如來應化事蹟》可以說是以漢傳佛教的佛傳代表，亦可以從中發現許多較少被提及的漢譯經典故事。

本書切分成四卷，第一卷從本生故事，到兜率天降生、入母胎、出生、出家、降魔、成道；第二卷為佛陀成道之後的度化事蹟，以漢傳「五時說法」開展，因此首篇為〈華嚴大法〉，其後則為佛陀教化事蹟；第三卷的佛傳有濃厚的漢傳佛教特色，除了獨特的人事物描述，還對漢譯大乘經典有輪廓性的概說；第四卷則以敘述佛入涅槃事蹟為主，並敘述佛滅後，法的付囑，成為漢傳各宗的祖師傳承之依據。

本次的整理再版，不僅保留了古書的原始圖文，更加入了易於閱讀的白話文。每一張圖均有簡要的說明，以了解繪圖的意涵。這裡要說明的是，本系列各卷的篇章排序，均遵從古籍版本的編排方式，但從內容的陳述與事件故事的串接上來看，某些篇章應該是為了因應漢傳佛教的教義精神，而在流傳的過程中不斷增加了許多章篇，產出各種版本，因而有了一些變動。

此外，又附上註解，以說明文章的原始經文出處，或補充原始經典故事內容，或簡說相關的佛教專有名詞。希望透過此書的再刊，使現代人能感受古人閱讀佛傳的韻味，另一方面，也讓更多對漢傳佛教有興趣者，能飽覽漢譯佛典之精萃。

由於古籍圖稿因為逐年的轉載刊印，以致某些線條或圖塊有缺損或虛化現象，本書的刊印，對此做了嚴謹審慎的整修，但缺損過劇之處，仍尊重原始版畫而保留原貌，以期能給讀者最好的古典韻味。

第四卷 前序

第四卷主要敘述佛陀人生的最後階段，以及佛入滅之後的付法傳承。首篇以〈法華妙典〉點出《妙法蓮華經》，彰顯法華三乘同歸一乘的精神，令眾生「入佛知見」，體現佛「法身」不生不滅之意旨。

在這卷當中，描述了許多佛陀如何面對親人生死別離的過程，例如在〈飯王得病〉、〈佛還覲父〉、〈殯送父王〉，以及〈為母說法〉、〈姨母涅槃〉等篇，說明了佛陀如何為自己父親、生母、養母說法，而使他們獲得解脫，並且祂親自為父親、姨母抬棺，留下佛陀在人間盡孝道的身教典範。

在〈純陀後供〉篇，可知道佛陀「應化身」，雖然具三十二相、八十種好，但終究是生滅無常的，佛陀也無法例外。聖者的「涅槃」不同於凡夫的「生死」，關於涅槃，本卷中略有提及佛陀姨母以及佛陀自身入涅槃的情況，如〈應盡還源〉等篇。很多弟子在決定入涅槃之前，會來請示佛陀，並向祂告別，在〈度須跋陀〉篇，最後受戒得道弟子即是如此。

由於解脫的聖者可以決定何時入於「涅槃」，阿難便問佛陀，為何不久住於世間，利益更多眾生呢？在〈請佛入滅〉、〈最後垂訓〉篇當中，佛陀提到了祂的用意，因此答應了魔王波旬入涅槃一事。

佛陀在入滅之前，有許多付囑，付法傳承自〈法傳迦葉〉為始，之後〈迦葉付法〉、〈雞足入定〉傳法阿難，又傳馬鳴、龍樹、天親等，此系譜成為漢傳佛教法脈傳承的依據。此外，本卷也載錄了重要史事，如最初造像的緣起、琉璃王滅釋迦族、八王均分舍利、結集法藏、育王起塔等。最終以《佛祖統記》的〈大法東來〉為最終篇，懸記佛法將於廣傳於中國。

讚譽／推薦

悲心及綿遠，舍利光煒燁。獨我生後時，餘波幸霑涉。——唐．太原王勃

歸命釋迦尊，圓滿清淨覺。——清．鎮國公永珊

＊＊＊

惠敏法師　／法鼓文理學院校長

常真法師　／祖師禪林住持

猶記得三十年以前學佛初始，有日偶然翻閱古籍版畫《釋迦如來應化事蹟》，圖文並茂，人物鮮明，但文字深奧，很難閱讀理解佛陀的生平故事。法緣和合，遇緣則應。感謝柿子文化與撰文者黃健原博士的善用其心，歡喜推薦古今創新融合，企劃與修復的新版本《釋迦如來應化事蹟》，閱讀佛傳、認識佛陀在人間的傳奇與一生的故事，信願行圓滿生命清淨覺。——**明毓法師**　／世界佛教聯盟署理會長

初次拿到出版社寄來的佛傳圖畫書文稿，心中甚是驚喜，這才知道原來明清時期的古代人是以這樣的方式來了解佛傳與佛史，這不僅讓人想到古代人對於品德教育推廣，處處皆是用心，那份熱誠使人不知不覺中，因為相應而感動不已。縱然此時已不見佛陀身相，但隨著此書，我尋覓著佛陀的步履，反覆思索著祂如何抉擇每一個人生關鍵，也反思著自己的生命，雖然身為中華品德教育推廣協會理事長，深感弘揚正法任務的艱鉅，在推動品德教育的工作上更是步步艱辛，但一步一腳印，卻也步步蓮花，一點一滴淬鍊出自己內心的菩提宿願。也因而對於這份用心的著作出版品，末學更有著一份相知相惜。——**眾印法師**　／中華品德教育推廣協會理事長、佛恩蓮社住持

＊＊＊

故事是最容易感化人心，佛典故事亦然，透過《釋迦如來應化事蹟》一系列圖文並茂的白話敘事，看佛陀從出生到成道、遊化人間感人的教化，將得以淨化人心、啟迪智慧，值得所有佛教徒的流通典藏。——**林建德**／**慈濟大學宗教與人文研究所所長**

看到這套書，就覺得很精彩，用淺顯的故事述說佛陀的一生，讓一般讀者都能清楚體會。更精彩的是，配上清朝乾隆年間流傳的摹刻版，這原本是存量極少的佛教古書，現在能重新整理出版，我個人認為光是這些摹刻圖，就值得珍藏了。——**呂應鐘**／**國際華人超心理學會理事長**

釋迦牟尼佛涅槃至今已有二千六百年，現今佛法融雜多元思想與派別，而閱讀此書，讓靈魂穿越時空重返唐朝，與古代佛教聖賢一同浸淫釋迦牟尼佛的靜謐圓滿，還元返本於佛法精神中。——**宇色**／**「我在人間系列」作家、靈修、瑜伽士**

龔詩文／元智大學藝術與設計學系副教授
簡易濤／大千佛教文化社會企業公司董事長
黃運喜／玄奘大學宗教與文化學系系主任及教授
黃苡菱／可苡營養諮詢中心總營養師
曾文昌／《做鐵工的人》作者
陳怡銘／「中華經絡智慧養生協會」創會理事長
涂政源／《52個覺醒的練習》等書作者
林聰明／南華大學校長
香草尼克／YouTube 頻道「talk2herb」創作人

嚴愛群／國立東華大學英美文學系副教授
葉樹姍／大愛電視副執行長兼廣電媒體總監
陳英善／法鼓文理學院佛教學系副教授
黃子佼／跨界王
陳蔡慶／慈濟大學英語中心講師
陳恬儀／輔仁大學中文系副教授
孟庭葦／著名經典歌手
江昇翰／覺無憂藝術公司總監
上官昭儀／療癒科學教育督導，美力系統創辦人

《釋迦如來應化事蹟》全系列目錄

第一卷·娑婆

第二卷·度化

第三卷・妙法

第四卷・涅槃

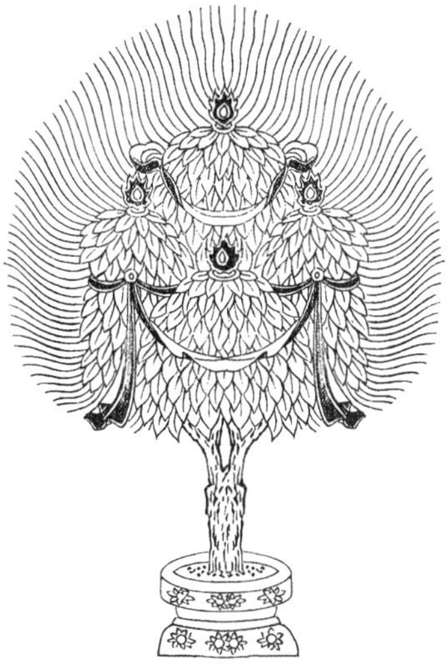

涅槃目次

法華妙典

佛陀在靈鷲山會上，與諸比丘、比丘尼、菩薩、釋提桓因、大梵天王、四大天王、天龍八部等，以及阿闍世王等百千眷屬一起。

那時佛入於無量義處三昧，天雨寶花，大地有六種震動，佛在眉間放白毫相光，普照世界，從三昧而起，對舍利弗說：「諸佛世尊，都是以一大事因緣而出現於世間，這目的就是要使眾生開、示、悟、入佛之知見，所以說此一乘的妙法，為諸聲聞授記。如此的妙法，諸佛如來是很難得宣說的，猶如優曇花難得一見。」

此經先示化城之權巧方便，最終給予髻珠之秘，雖然三車承載不同，但一雨普滋大地，都令眾生能自知，確定一切眾生成佛。

佛說《法華經》時，多寶佛塔從地面湧出，十方諸佛集會證明，六萬恒河沙菩薩及其眷屬護持流佈此經。持經而隨喜，則能得六根清淨等無量功德。若有人能由此入於旋陀羅尼諸三昧者，當見靈山法會儼然未散，佛常住不滅，此證悟者自知，乃為非思議之境界。從前天台智者法師證旋陀羅尼三昧，即見此境界，其後九旬講授此經，因此受持《法華經》者盛極一時。

◀佛於靈山會上宣說《妙法蓮華經》，多寶佛塔從地湧出，十方諸佛菩薩護持流佈。天台智者法師證入三昧，見靈山法會儼然未散，佛常住不滅。

法華妙典

法華經[1]云。佛住耆闍崛山。與比丘。比丘尼。菩薩。釋提桓因。大梵天王。四大天王。天龍八部。與韋提希子。阿闍世王等。百千眷屬俱。爾時世尊。入於無量義處三昧。天雨寶花。六種震動。放眉間白毫相光。普照世界。從三昧而起。告舍利弗。諸佛世尊。唯以一大事因緣故。出現於世。欲令眾生開示。悟入佛之知見。故說此一乘妙法。授諸聲聞記。如是妙法。諸佛如來。時一說之。如優曇花。時一現耳。先示化城之權。終與髻珠之秘。雖三車異駕。而一雨普滋。皆令自知。決定作佛。說是經時。多寶佛塔從地湧出。十方諸佛。集會證明。六萬恒河沙等菩薩。及具眷屬。護持流布。持經隨喜。有六根清淨等。無量功德。若夫入旋陀羅尼。諸三昧者。見靈山法會儼然。佛常住不滅。證悟者自知。非思議境界矣。天台智者法師。證旋陀羅尼三昧。九旬談妙。受持之盛。無出此經。

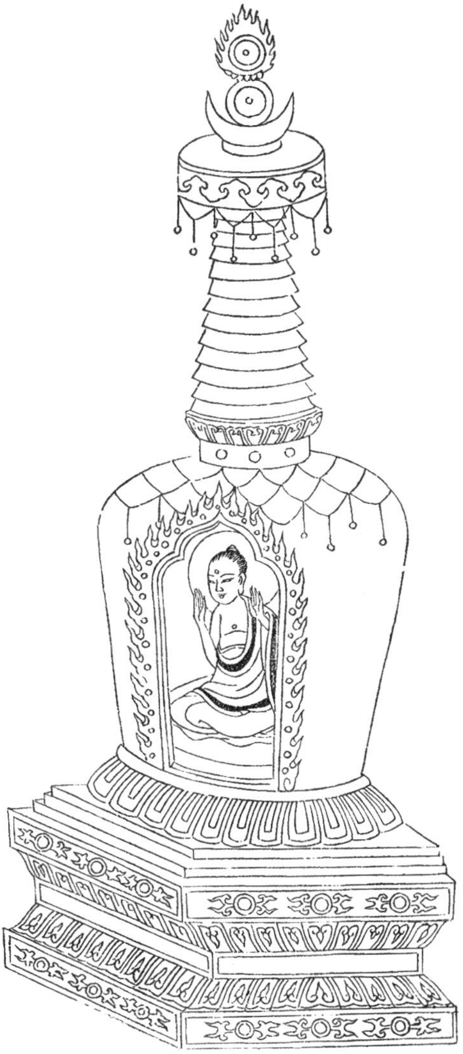

原典註解

①**法華經**：即《妙法蓮華經》，姚秦鳩摩羅什譯。妙法，即指佛教法微妙無上；蓮華經，比喻本經之潔白完美，表法之相狀，顯其潔淨，出污泥不染，以花開敷，以表其盛。本經集佛教大乘思想之大成，將聲聞、緣覺、菩薩之三乘歸於一佛乘，即會三乘方便，入一乘真實，以調和大小乘各種說法，認為一切眾生皆能成佛。經文採用譬喻、象徵等文學手法，讚歎佛法身，稱釋迦成佛以來，現各種化身，以種種方便說法。隋智顗依據此經立說而創天台宗，此經便成為天台宗立說的主要根據，之後乃至明、清，一直流傳不衰。並傳入朝鮮、日本，十三世紀日蓮專奉此經與經題而立日蓮宗，新興創價學會等教團，亦專奉此經為宗旨。

此經起源很早，約在公元前一世紀左右，在古印度、尼泊爾等地曾廣泛流行。近來已發現了分佈在克什米爾、尼泊爾和中國新疆、西藏等地梵文寫本四十餘種，西元一八五二年，法國學者布諾夫自梵文譯成法文本出版，之後又有英譯本、日譯本（梵和對照）。

法傳迦葉

世尊在靈山會上拈花示眾，弟子們都不了解佛的示意為何，只有大迦葉尊者心領神會，露出會心微笑。

佛於是對眾弟子說：「我有正法眼藏，涅槃妙心，實相無相，微妙法門，不立文字，教外別傳。我傳囑摩訶迦葉。」

世尊帶領大迦葉尊者至多子塔前，分出一半座位，令迦葉同坐，以僧伽袈裟衣圍著，對迦葉說：「我現在就把正法眼藏密付於你，你當善護持。」又命阿難為迦葉的傳法繼承人，使此法相承，不令斷絕。接著，世尊把傳心法偈對迦葉說：「法本法無法，無法法亦法，今付無法時，法法何曾法。」

世尊說完此偈後，對迦葉說：「我現在就將此金縷僧伽袈裟衣一併傳給你，一直到彌勒佛出世時，轉授給彌勒佛，別讓它朽壞了。」迦葉聽了世尊的殷勤交付，頭面頂禮，恭敬地對佛說：「我一定遵從佛的教誨。」

◀佛在靈山會上拈花示眾，大迦葉尊者會心微笑。正法眼藏，不立文字，教外別傳，並交付迦葉一金縷僧衣，至彌勒佛出世時，轉授之。迦葉遵從此命。

法傳迦葉

指月錄[1]云。世尊在靈山會上。拈花示眾。是時眾皆默然。唯大迦葉尊者。破顏微笑[2]。世尊曰。吾有正法眼藏。涅槃妙心。實相無相。微妙法門。不立文字。教外別傳。付囑摩訶迦葉。世尊至多子塔前。命摩訶迦葉分座令坐。以僧伽黎圍之。遂告曰。吾以正法眼藏。密付於汝。汝當護持。並敕阿難副貳。傳化無令斷絕。而說偈曰。法本法無法。無法法亦法。今付無法時。法法何曾法。爾時世尊。說此偈已。復告迦葉。吾將金縷僧伽黎衣。傳付於汝。轉授補處。至慈氏佛出世。勿令朽壞。迦葉聞偈。頭面禮足曰。善哉善哉。我當依敕。恭順佛故。

原典註解

①**指月錄**：又稱《水月齋指月錄》，明瞿汝稷集。全書係集錄自過去七佛、應化聖賢、西天祖師（西天二十八祖），東土祖師從菩提達磨到六祖慧能，又慧能下第一世至第十六世，大慧宗杲禪師等，集禪宗傳承法系六百五十禪門諸宗師之言行傳略而成。《指月錄》中「指月」是以「指」比喻言教，以「月」比喻佛法。禪宗認為一切言教，無非示機之方便，如同以指指月，令人因指而見月。即以言教而顯法的實相，然言教並非實相，只是方便法，此為書名要旨。

②**破顏微笑**：「拈花微笑」為中國禪宗宗門以心傳心公案的根據，禪宗典籍如《五燈會元》、《聯燈會要》等皆有記之。

《人天眼目》中，宋王荊公（王安石）曾問佛慧泉禪師，禪宗所謂世尊拈花，出在何典？慧泉禪師未見經典出處，荊公指出於《大梵天王問佛決疑經》，如云：「爾時大梵天王白佛言：世尊出世，四十餘年，種種說法。云何有未曾有法耶？云何有及言語法耶？願為世間一切人天，能示己自，言了金色千葉大婆羅華，持以上佛，而退捨身，以為床座，真誠念願。爾時世尊著坐其座，廓然拈華，時眾會中，百萬人天，及諸比丘，悉皆默然。時於會中，唯有尊者摩訶迦葉，即見其示，破顏微笑，從座而起，合掌正立，有氣無言，爾時佛告摩訶迦葉言，吾有正法眼藏，涅槃妙心，實相無相微妙法，不立文字，教外別傳，有智無智，得因緣證，今日付屬摩訶迦葉。」

飯王得病

淨飯王在年老後患了重病，全身骨節如同被分解一般痛苦，而且喘息不定，他自知時日不久，便對諸親族王弟說：「我的生命雖然快逝去了，但我並不以為苦，只是遺憾見不到我的兒子悉達，次子難陀，侄兒阿難陀，以及孫子羅睺羅。如果能在我臨死之前，見得到他們，我就沒有什麼遺憾了。」

這時白飯王對淨飯王說：「我聽說世尊在王舍城的靈鷲山中，離這裡有二千餘里之遠，您現在身體這樣羸弱，即使派人通知，這樣遙遠的路程，恐怕也趕不及了。所以，希望您寬心，別牽掛懸念這些孩子了。」

淨飯王說：「我的孩子及孫侄兒，他們雖然離這裡非常遙遠，但心意是相通的，我兒子已成佛，以祂的大慈悲心，以及神通力，能以天眼徹視，以天耳洞聽，能救度眾生。應可度者，就以慈心而度脫。就像有人被賊所困擾，或遇到怨敵，恐惶而無計可施，自知脫困無望，唯一辦法就是希望依託有勢力的人，請求救護，而得以解脫。又好像病重的人，只望能遇良醫來治療他的疾病。我今期盼能見世尊的心情，就是這般的急切啊！」

◀淨飯王在年老重病，他期待能再見到兒子悉達、次子難陀、侄兒阿難陀以及孫子羅睺羅。雖然相距遙遠，但他相信成佛的兒子能感應到他的心意。

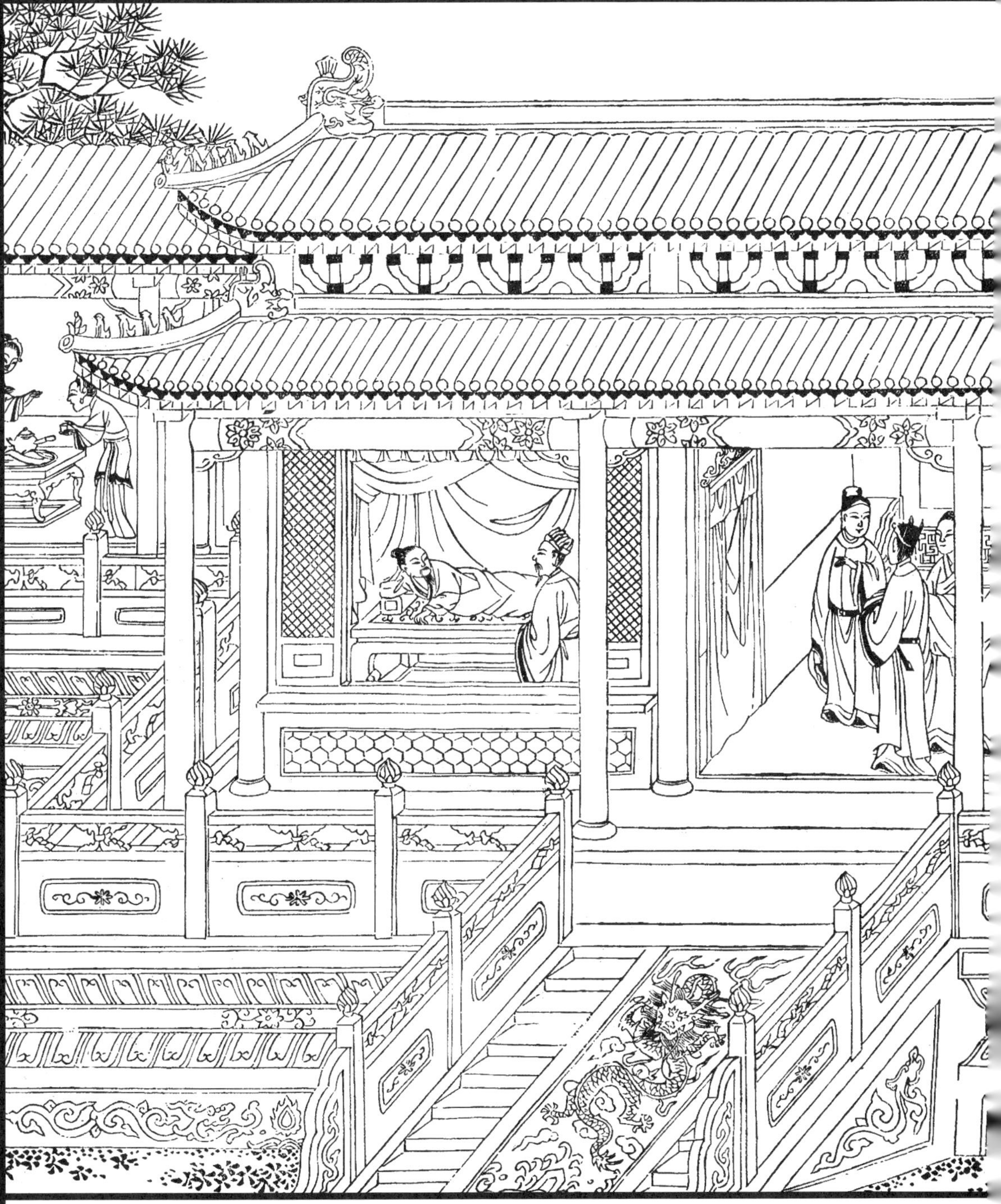

飯王得病

淨飯王泥洹經❶云。爾時淨飯王。忽被重病。身中四大。同時俱作。殘害其身。肢節欲解。喘息不定。將死不久。告諸王曰。我命雖逝。不以為苦。但恨不見我子悉達。次子難陀。復恨不見。斛飯王子阿難陀。孫子羅睺。吾設得見是諸子等。我病雖篤。未離生死。不以為苦。白飯王語淨飯王言。我聞世尊在王舍城。耆闍崛山中。去此懸遠。二千餘里。王今雖羸。設遣使者。道路懸遠。懼恐遲晚。無所加益。惟願大王。莫大愁悒。懸念諸子。淨飯王答白飯王言。我子等輩。雖復遼遠。意望不斷。我子成佛。以大慈悲。恒以神通。天眼徹視。天耳洞聽。救接眾生。應可度者。以慈愍心而度脫之。譬如有人。為賊所圍。或值怨敵惶怖失計。不望自濟。惟求救護。依有勢者。欲從救護。而求解脫。譬如有人。時得重病。欲得良醫。以療其疾。如我今日。望見世尊。亦復如是。

原典註解

①**淨飯王泥洹經**：應指《淨飯王般涅槃經》，又作《淨飯王涅槃經》、《淨飯王經》。劉宋沮渠京聲譯。本經內容記載佛陀及難陀等，親自為淨飯王送葬的經過，主要彰顯孝道思想；經中也教示世間無常、苦、空、無我等法。

佛還覲父

世尊在靈鷲山，以天耳聞知父王臥病，命終垂危，渴望能在臨終之前還能與諸子相見。佛於是立刻帶領難陀、阿難、羅睺羅等人，以神足力踴身於虛空，頃刻之間，便來到了迦毗羅衛國城中。

佛放大光明，光明遍照淨飯王身，淨飯王感到身心頓然輕安。佛與阿難乘虛空進入了王宮，淨飯王一見佛來到，便從床上起身，伸出了雙手，對佛說：「惟願如來手安撫我身，讓我能得安穩，我已為病所困，痛苦難忍，而今能再見到我的兒子一面，我已不再感到痛苦了。」

淨飯王的臉上，帶著滿足的笑容，對佛說：「你當初為了要成佛，度眾生的大願，如今都成就了。但我得此重病，也希望你可度我脫離這個痛苦。」佛說：「請父王放心，不用憂愁。」佛把手放在淨飯王的額上。

他心中得到了安慰，便把佛的手放在自己心胸上，說：「今天能再見你，我的願望已滿足，我很高興，如來世尊在世間利益一切眾生，能聽聞佛法，都是有福德的人。而今世尊是我的兒子，我受惠也多，此刻，仍回來見我，我是多麼的幸運啊！」

淨飯王說完後，即臥床合掌，這時佛的手仍放在淨飯王的心上，淨飯王斷了最後一口氣，就這樣安詳離開人世。

◀佛以神足力踴身虛空，頃刻之間，便進入了淨飯王的床邊。佛把手放在淨飯王的額上。使他心中得到無比的安慰，再把佛的手放在自己胸上，安詳離世。

佛還覲父

佛還覲父❶

淨飯王泥洹經云。爾時世尊。在靈鷲山。天耳遙聞迦毗羅衛城中。父王病臥。命欲將終。渴仰欲見諸子。佛與難陀。阿難。羅睺等。即以神足。踴身虛空。須臾而至迦毗羅衛。放大光明。光照王身。患苦得安。佛與難陀等。乘空來至。佛便入宮。王見佛到。王舉兩手而言。惟願如來手摩我身。令我得安。為病所困。痛不可忍。我命將逝。我今見子。痛苦即除。復言。汝願已成就。亦滿眾生願。我今得重病。願汝度我厄。佛言。惟願父王。莫復愁憂。即以手著父王額上。命雖欲終。自可寬意。王即以手捉於佛手。著於心上。白言。我今見汝。我願已滿。心意踴躍。從是臥別。如來至尊。多所利益。其有得見。聞所說者。此輩之等。皆是有相大功德人。今日世尊。是我之子。接遇過多。不相見棄。是時父王。即於臥處。合掌心禮。世尊足下。時佛手掌。在王心上。無常對至。命盡氣絕。忽就後世。

原典註解

①**佛還覲父**：佛陀在淨飯王臨終時，對父親說了些什麼呢？據《佛說淨飯王般涅槃經》：

「佛言：『唯願父王莫復愁悒！所以然者？道德純備，無有缺減。』佛從袈裟裡出金色臂，掌如蓮華，即以手著父王額上：『王是清淨、戒行之人，心垢已離，今應歡悅，不宜煩惱；當諦思念諸經法義，於不牢固得堅固志，已種善根。是故，大王！宜當歡喜，命雖欲終，自可寬意。』」佛是這樣說：「希望父王您不要在憂愁了，為什麼呢？因為您一生以正法治國，仁民愛物，道德完備，沒有任何缺少或減損的。」佛從袈裟露出了金色臂，祂的掌如蓮華，柔軟纖細的手放在父王的額上，又說：「父王！您是戒行清淨之人。心已遠離塵垢，今天應該要歡喜，不要再煩惱了。您一心思惟諸法的真實含義，在不牢固的身心世界當中，生起堅固的志願，種下了深厚的善根。所以大王，應當要生歡喜心，雖然生命將盡，自可寬心而無罣礙。」接著佛又說：「您的兒子已經成佛，次子難陀、斛飯王子，阿難陀者、孫子羅睺羅都修得究竟了脫生死之法。」這時，淨飯王聽了，心裡非常高興，喜不自勝，對佛說：「我的心願已了，沒有遺憾了。如來利益無量眾生，能夠得見並且聽到你說法的眾生，都是有福氣的人。世尊是我的兒子，但也沒有捨棄了我。」說完後，淨飯王便沒有遺憾的往生了。

又有一說，當淨飯王臨終臥病在床，佛陀為父王說了最後一次佛法，他即證阿羅漢果，體證了解脫之樂，七日後圓寂。

殯送父王

淨飯王嚥下最後一口氣後，眾釋子以香水洗浴國王身，並蓋上了細軟白布，然後入斂於棺之中。世尊想到未來世人民凶暴，為了使來世眾生懂得報父母養育之恩，遵從禮法，如來以身教來作示範，祂決定要親自抬父王的棺。

那時四天王也來此赴喪，便向佛請求說：「但願如來允許讓我們來代替佛抬父王棺。」佛答應他們的請求。四天王變成了一般人的模樣，並以手抬棺，擔於肩上。佛親自手執香爐，走在棺前面引導，他們一路走到了火葬場。

佛與一切眾人共同累積香薪，然後把棺置於香薪之上，便開始舉行焚化儀式。舉國百姓都悲痛哀悼。佛對大眾開示：「世間都是無常、苦、空、無我的，沒有什麼是永遠堅固的。一切如幻、如化、如熱、如焰、如水中月，生命是短暫，而非長久於世間的。你們應當勤精努力，永離生死輪迴，才能得到大安樂。」說完之後，舉火焚燒父王棺材。焚化完之後，諸王各拿五百瓶香水，用它滅火，火滅之後，大眾齊收撿骨骸，裝入金函中，然後起造塔廟，把淨飯王的遺骨藏入塔中，以繒幡寶蓋，及種種寶鈴，供養塔廟。

◀世尊為了使來世眾生都能懂得回報父母養育之恩，如來以身教來作示範，祂決定要親自抬父王的棺。並佛對大眾開示，世間無常、苦、空、無我。

殯送父王

殯送父王❶

淨飯王泥洹經云。爾時淨飯王。命盡氣絶時。諸釋子以衆香水。洗浴王身。纏細白氎。而以棺斂。爾時世尊。念當來世。人民凶暴。不報父母育養之恩。為不孝之者。為是當來衆生之等。設禮法故。如來躬身。自欲擔於父王之棺。時四天王。俱來赴喪長跪。白佛。願聽我等。抬父王棺。佛即許之。四天王各變人形像。以手擎棺。抬於肩上。舉國人民。莫不啼哭。如來躬身。手執香爐。在棺前行。出詣葬所。佛與人衆。共積香薪。舉棺置上。放火焚之。一切大衆。益更悲哭。於是世尊。告大衆曰。世皆無常。苦空無我。無有堅固。如幻如化。如熱如焰。如水中月。命不久居。汝等諸人。當勤精進。而自勸勉。永離生死。乃得大安。舉火焚燒大王身已。爾時諸王。各各皆持五百瓶香水。以用滅火。火滅之後。競共收骨。盛置金函。即於其上。便共起塔。懸繒幡蓋。及種種鈴。供養塔廟。

原典註解

①**殯送父王**：當淨飯王臨命終時，在《佛說淨飯王般涅槃經》與《釋迦譜卷二・釋迦父淨飯王泥洹記第十五》都記載了佛陀為父送終的情景。那時阿難、羅睺羅，佇立在喪足處，難陀長跪對佛說：「父王養育我，恩澤深重，願佛許難陀擔父王棺。」而阿難、羅睺羅也合掌向佛懇求抬淨飯王棺。這時世尊心中憫念未來世，人民多凶暴，不念報父母育養恩德，為了教化未來的不孝眾生，於是答應難陀比丘等的請求，同時更親自示現，為父王抬棺。

關於葬儀模式，《淨飯王般涅槃經》載，族人聚集，以諸香湯，洗浴王身，纏以布帛，斂棺，又設師子座安置，散花、燒香。佛與難陀立於喪首，阿難與羅睺羅於喪足。佛自示範，與難陀等人共同抬棺。此時，四天王代佛等四人抬棺，佛親自手執香爐，走在喪前，前往葬所。佛與大眾共同堆香薪，將棺木置於其上，點火焚燒。淨飯王的遺體火化後，佛的親弟子們各以五百瓶乳滅火。火滅後，一起收骨灰，置於金匱，起塔懸繒幡蓋，及種種寶鈴供養。眾人便問佛陀：「淨飯王命終，生往何處？」佛陀告訴大眾：「父王淨飯王是清淨的人，已投生到淨居天了。」佛陀為父親淨飯王臨終的開示與送終，可說是為我們立下典範。

佛救釋種

波斯匿王想娶釋迦族的女子為妃，但釋迦族並不願將釋迦族女子嫁給波斯匿王，長者摩訶男就想了一個辦法，將家中婢女所生的女兒裝成公主，嫁給波斯匿王為王后，即稱末利夫人。

之後，末利夫人的第二個兒子流離，八歲時來到迦毗羅衛國探親。城中剛建好一座莊嚴的講堂，準備要請佛說法，無知的流離太子竟坐上了講堂的獅子座，釋族中人發現了他，急忙把他抓下來摔在地上，指著他罵：「這是婢女生下的東西。」流離太子對這個恥辱十分懷恨，他對好苦梵志說：「我所受的這番恥辱，以後一定要報復。」

流離太子長大登上王位後，馬上率領兵馬想要滅掉所有釋迦族人。佛得知此事，曾坐枯樹下勸說流離王，他被佛所感化，想帶兵返回，但之後瞋恨與殺心又起，再次出兵。佛見業報已成熟，便對目犍連說：「這是釋迦族人過去所種下的業因，果報已成熟，此次劫數難逃。」

釋迦族雖然一向箭術精湛，但均已皈依受戒，所以他們並不會傷害流離。流離王感於此，打算退兵，但好苦梵志卻勸說：「陛下，釋族人都持五戒，不傷害生命！此刻前進，必能滅釋迦族。」於是他們繼續前進。這時，城中只有一釋迦族少年奢摩在城門外抵抗，殺害了許多敵兵，但釋迦族不願他殺生，便叫奢摩離開。流離王在城外大喊開門，釋迦族打開城門後，流離王立即大開殺戒，抓了五百釋族女子，還砍去手足丟到深坑中。之後，又殺死了祇陀太子。佛對眾比丘說：「釋迦族人償還了業報，死後轉生天界，而流離王七日後當會滅亡。」流離王大怒，但心中恐懼，熬到第七天，一切平安無事，於是他高興地率領眾人前往河邊歡娛。忽然間狂風暴雨，流離王及隨眾皆為大水漂流，死後墮入無間地獄，城中宮殿則都被雷火焚燒。

◀ 流離王子八歲時，回到迦毗羅衛國探親，遭釋族人羞辱為婢女之子。流離登基為王後，為報復出兵攻打釋迦族，殺人無數，七日後死亡，墮無間地獄。

佛救釋種

長阿含經。波斯匿王。欲娶釋種女。摩訶男畏其暴惡。以婢生女。嚴飾送往。遂立為夫人。後生太子。名曰流離[1]。八歲詣外家。值新起講堂。莊嚴請佛。流離私坐師子之座。釋種捉下撲地。共罵婢生之物。時流離懷恨。令好苦梵志識之。後流離立。即率兵往滅釋種。遇佛坐枯樹下。相語有感而還。俄復進兵。佛告目連。釋種宿緣已宿。今當受報。諸釋逆流離於一由旬中。遙射不令傷害。流離感此慈心。復欲還師。梵志白王。釋種持戒。不傷生命。宜速進雪辱。會釋種童子。奢摩大敗。流離殺人甚眾。釋種因其殺生。故令去國。恐多殺戮。即開城門。流離遂盡殺釋種人民。刖五百釋女手足。著坑中。又殺祇陀太子。時佛告諸比丘。祇陀與釋種。皆生天上。流離七日後當滅。流離聞之大怒。數至七日頭。乃喜率眾。往詣阿脂羅河側娛樂。忽風雨大作。王及兵眾。皆雷震水漂。命終墮阿鼻獄。城內宮殿。悉被焚燒。

原典註釋

①**流離**：即流離王，又作琉璃王。滅釋迦族一事，據《增一阿含經》所載，世尊得知流離王帶兵前往征討釋迦族的消息，便獨自一人走到他們行軍的路途，坐在一棵沒有枝葉的樹下。當時，流離王從遠處見世尊，下車走去頂禮而問：「世尊，您何故選擇此枯樹底下坐？」世尊回答：「親族之蔭涼，釋種出於佛，盡是我枝葉，故坐此樹下。」意思是說，釋迦族是世尊在世間祖國，以大樹來比喻，釋迦族是這棵樹的枝葉。世尊從小受惠於祖國之恩，如祂坐大樹底下，受到樹葉庇蔭。所以希望流離王能看在祂的面子上，放過釋迦族的性命。

雖然，一連三次，世尊都勸退了。但第四次流離王出兵時，佛陀已知這是釋迦族人的共業，無法避免。流離王攻入城中，釋族的摩訶男走了出來，對流離王說：「這樣吧，我現在跳進水裡，在我還沒出來之前，你要答應我不准殺害任何一個人。」流離王心想這水中憋氣時間很短，便答應了。但沒想到，摩訶男一跳進水裡，就不再出來了。流離王派人下水一探，才發現摩訶男將頭髮緊繫在水底的樹根，讓族人有足夠時間逃難。

流離王有些後悔，之後他來到了尼拘留園，被抓來的五百名釋迦族女關在此地。他伸手捉了一名女子想要親吻她，但女子抵死不從，罵道：「我怎麼可能和婢女所生的兒子發生關係！」這話使流離王大怒，交代群臣：「把這女子手腳給砍去，丟到深坑！」其他女子也不從，於是都是一樣的命運。世尊以天耳聽到釋迦族女的哭嚎，便帶領諸比丘到了城中，請天神變食，讓這些女子飽餐一頓，然後為她們說法，使她們轉生天界。之後，琉璃王被大水給沖走，死亡後墮入地獄。

世尊對比丘說此宿世因緣，過去有一漁村人民，因飢餓，前往池中捕魚充飢。當時，水池中有兩條魚被捕獲，發願來世要復仇，當時的村人就是釋迦族人前生，那條魚就是流離王的前生，而另一條魚就是好苦梵志的前生。

為母說法

佛在安居三月，至忉利天歡喜園中。一直到結夏圓滿日，如來在波利質多羅樹下，結跏趺坐，放出百千光明，光中皆有千朵蓮花，並有千尊化佛。佛的光明超越了日月星辰之光。佛對文殊師利說：「你去告知我母親，讓她知道我在這裡。」

佛陀母親得知佛在忉利天上歡喜園中，便來與佛陀相見。如來看見母親，內懷敬意，並對母親開示說：「無論身居於何處，都難免有苦有樂，苦樂是相對的，只有修持涅槃之道，才能永離苦樂的輪迴。」佛母聽聞佛的開示，專注精進於正念，消伏了心中煩結，便對佛說：「一切眾生流轉於五趣六道，都是煩惱過患所導致，所以有了種種結縛，不得自在。願我來世，得成正覺，為一切眾生斷離此苦本。」

佛說：「的確如此，眾生之所以不能獲得解脫，都是因為貪欲，瞋恚、愚癡，以致常常沉沒在生死輪迴中。甚至欲求生天都很困難，又何況是想解脫生死呢？譬如人在世間，做了傷天害理之事，不但敗壞了名聲，朋友親戚唾棄；到了臨終時，一切惡境界現前，生極大怖懼，神識恍惚，方才懺悔自責，但為時已晚，這都是因為三毒所害的緣故。所以，要想求得解脫，成就佛果，必須先從斷離貪欲，瞋恚、愚癡等種種習性，這三毒乃輪迴苦本。但是愚癡凡夫，被這些煩惱結使所纏縛，而難以自覺，試問有幾人能從迷幻夢中及時的覺醒呢？」這時與會大眾，聽聞之後，皆悲懷而惱。

◀佛於安居三月，至忉利天與母相見，並為母親開示涅槃之道，永離輪迴苦樂。佛母精進正念，消伏種種煩結，發願來世，得成正覺，為一切眾生斷此苦本。

爲母說法

爲母說法[1]

摩訶摩耶經[2]云。佛在忉利天。歡喜園中。波利質多羅樹下。三月安居。如來結跏趺坐。放百千光明。光中有千蓮花。有千化佛。日月星辰。所有威光。隱蔽不現。佛告文殊師利。汝詣母所。道我在此。佛母聞已。乳自流出。猶白蓮花。而直入於如來口中。如來見母。內懷忻敬。而白母言。身所經處。與苦樂俱。當修涅槃。永離苦樂。佛母聞已。專精正念。諸結消伏。而白佛言。一切眾生。在於五道。皆由煩惱過患所致。故有結縛。不得自在。願我來世。得成正覺。當為一切。斷此苦本。佛言。眾生所以不得解脫。皆由貪欲嗔恚愚癡。致令恒在生死。乃至欲求生天亦難。何況希望離生死耶。在世失好名稱。朋友親屬。皆共疏棄。臨命終時。極大懼怖。神識恍惚。方自悔責。如此皆由三毒患故。若人欲求解脫妙果。宜斷苦本。彼愚癡凡夫。為結所縛。時會大眾聞此語已。悲號懊惱。

原典註釋

①**為母說法**：亦載於《雜阿含經》：「一時，佛住三十三天驄色虛軟石上，去波梨耶多羅、拘毘陀羅香樹不遠夏安居，為母及三十三天說法。」

②**摩訶摩耶經**：又名《佛昇忉利天為母說法經》、《佛臨涅槃母子相見經》，簡稱《摩耶經》。蕭齊曇景譯。本經前半部記述佛上昇忉利天為生母摩訶摩耶說法，令其證得初果。又說明生死根本在於三毒之理，其後，佛下三道寶階回歸祇洹精舍，而受到眾人歡迎。後半部記述佛遊化諸國，後於拘尸那揭羅之娑羅雙樹間入涅槃，摩訶摩耶感得五衰五惡之夢，由天上降下，悲號哀慟，時佛陀以神力開金棺與之訣別，卷末則記載有關佛陀對於佛入滅後，一千五百年間，正法住世相關問題之懸記。

囑累地藏

佛在忉利天宮為母說法時，十方諸佛菩薩，天龍鬼神皆來集會。世尊伸出了金色臂，摩頂無量分身地藏菩薩，並對地藏菩薩說：「我於五濁惡世，用種種方便來教化，剛強難扶的眾生，讓他們改邪歸正，所有該得度的緣分，也都已得度了，但還有許多劣根眾生，尚未能調伏。但我不久後即將入涅槃，你得記住此刻在忉利天，在娑婆世界，彌勒佛出世之前，我把這些尚未得度、仍在火宅中的眾生，都付囑於你了，別令他們又墮入惡趣中。無論是天或人，如果能於佛法中種少善根，乃至於如毛髮塵沙的微小，你也應該盡你的力量去擁護此人，不令他退失善根。如果他將隨業受報，在臨命終將墮於惡趣，只要他能念得一聲佛菩薩名號，乃至一句一偈的大乘經典，你應該以你的神力，方便為他破碎地獄報，救度此人，使他能生天，受勝妙樂。」

世尊付囑地藏菩薩後，又再次叮嚀而說偈：「現在未來天人眾，吾今殷勤付囑汝，以大神力方便度，勿令墮在諸惡趣。」地藏菩薩受佛的付囑，便對佛說：「願世尊不必擔憂，如果有天人眾等，於佛法能生起一念恭敬心，我便以種種方便，度脫此人，令其速得解脫，何況有人能念念修持諸善行，自然於無上道，永不退轉。」

◀佛在忉利天宮為母說法時，對地藏菩薩說：「我不久後將入涅槃，在彌勒佛出世之前，我把這些尚未得度、在火宅中的眾生，都付囑於你了。」

囑累地藏

地藏菩薩本願經❶云。佛在忉利天宮。為母說法。十方諸佛菩薩天龍鬼神。皆來集會。爾時世尊。舒金色臂。摩無量分身地藏菩薩頂。而作是言。吾於五濁惡世。教化剛強眾生。捨邪歸正。尚十有一二。吾將涅槃。汝當憶念。吾今日在忉利天宮。於大眾中。以娑婆世界。至彌勒出世已來眾生。在火宅中付囑於汝。無令墮惡趣中。一日一夜。若有天人。於佛法中。種少善根。毛髮塵沙。汝以道力。擁護是人。無令退失。若隨業報。臨墮惡趣。念得一佛菩薩名。一句一偈。大乘經典。汝以神力。方便為碎地獄。遣令生天。受勝妙樂。爾時世尊。而說偈言。現在未來天人眾。吾今殷勤付囑汝。以大神力方便度。勿令墮在諸惡趣。地藏白言。世尊。願不有慮。若有天人眾等。於佛法中。一念恭敬。我以方便。度脫是輩。速得解脫。何況念念，修行諸善。自然於無上道。永不退轉。

原典註解

①**地藏菩薩本願經**：略稱《地藏本願經》，計分十三品，唐實叉難陀譯。本經與《地藏十輪經》皆為闡述地藏菩薩事蹟之重要典籍。地藏法門以《地藏菩薩本願經》、《地藏菩薩十輪經》、《地藏菩薩占察善惡業報經》三經為主。本經內容詳述地藏菩薩之本願功德、本生誓願及利濟眾生事，強調讀誦此經可獲得不可思議之利益。謂誦讀、聽聞本經一句一偈，皆能消除無量無邊罪業。

佛陀付囑地藏，載《地藏菩薩本願經》〈囑累人天品第十三〉：「地藏！地藏！記吾今日在忉利天中，於百千萬億不可說不可說一切諸佛菩薩、天龍八部大會之中，再以人天諸眾生等，未出三界，在火宅中者，付囑於汝。無令是諸眾生，墮惡趣中一日一夜，何況更落五無間及阿鼻地獄，動經千萬億劫，無有出期！……地藏！未來世中，若天若人，隨業報應，落在惡趣。臨墮趣中，或至門首，是諸眾生，若能念得一佛名、一菩薩名、一句一偈大乘經典。是諸眾生，汝以神力，方便救拔。於是人所，現無邊身，為碎地獄，遣令生天，受勝妙樂。」

最初造像

佛在安居三月期間，昇天為母說法，這期間，優陀延王因思念佛。所以發願為佛造像，於是毗首羯摩天神，化身為工匠，於佛誕日開始起工造佛像，很快地就完成了佛像。

當佛從忉利天回到人間時，空中化現出三道寶階，自天而下，無數諸天人隨佛左右。如來威德光明照耀四方，如滿月當空，眾星圍繞著。大梵天神執持著白蓋在右，帝釋天神執持著白拂侍左，虛空中奏著美妙樂聲，散落著芳芬的香花，四大天王獻上珍妙的供品。

優陀延王得知佛從天上回到人間，頂戴著佛像，與諸國王，都各自以妙供，奉獻於佛前。此時，剛塑造而成的佛像也合掌禮佛。佛於是對此像說：「於未來世中，大作佛事。於我滅度之後，我諸弟子，將付囑於你。」佛稱讚優陀延王說：「你能於我的教法中，最初開啟造像軌則，令未來世一切眾生，獲得大利，你已獲得無量福德，此廣大善根，無人能比。」天帝也向優陀延王讚歎說：「佛於天上時，就已向眾天人讚歎你造佛像的功德，你值得欣慰慶喜！」

佛又對眾人說：「如果有人可以用土木、膠漆、金、銀、銅、鐵等，或繒彩香石，來雕刻、鑄造、繡畫佛的形像，乃至於極小如一手指，都能獲種種福德，滅種種罪業，不生邊地下賤，不生貧窮處，能永離三途苦報，常轉生於人天，享受殊勝妙樂。」

◀佛在安居三月期間，昇天為母說法，優陀延王因思念佛，所以發願為佛造像，天神化身為工匠，於佛誕日開始起工造佛像，不久便完成了佛像。

最初造像

造像經[1]云。佛在天宮。安居三月。為母說法。優陀延王[2]。渴仰思佛。發願造像。毗首羯磨天。化身為匠。於佛誕日起工。不日而成。佛化三道寶階。從天而下。諸天翼從。威德熾盛。光明赫奕。如滿月在空。眾星共繞。梵王執白蓋在右。帝釋持白拂侍左。虛空音樂。妙香雨花。四大天王。獻微妙供。時優陀延王。頂戴佛像。並諸國王。咸以珍異妙供。奉獻佛前。爾時佛像合掌。為佛作禮。佛語像言。汝於來世。大作佛事。我滅度後。我諸弟子。以付囑汝。佛告優陀延王。汝於我法中。初為軌則。更無有人。與汝等者。令諸眾生。得大信利。已獲福德。廣大善報。天帝告王。佛在天上。贊王造像功德。宜自欣慶。佛言若人以土木膠漆。金銀銅鐵。繒彩香石。雕鑄繡畫。佛之形像。乃至極小。如一指大。獲種種福。滅種種罪。不生邊地下賤貧窮之處。永離三途苦報。常生人天。受勝妙樂。

原典註釋

①**造像經**：即《造像量度經》，全稱《舍利弗問造像量度經》。清乾隆七年工布查布在北京，自藏文譯本重譯為漢文本，又作了《造像量度經引》、《經解》和《續補》，編於經文前後，合併為一部。內容敘述有關造立佛像之法則的經典。包括佛之身量等三十二相，並有簡短之流通文。此經的序分，提到佛在昇忉利天為母說法之前，因舍利弗的請示而說。

②**優陀延王**：又作鄔陀衍那王、優填王。意譯日子王、出愛王。佛世時，據《優填王經》所載，因王后篤信佛法，但王因聽信無比妃之離間，而以百箭射王后，王后見箭不懼，一心意念佛慈心，長跪向王，箭都繞后三匝還住王前，王大驚，王后乃為說佛法，王因而受佛教化，皈依三寶。此後，遂成為佛陀之大護法。《增一阿含經》載，佛昇至三十三天，為生母說法，經時甚久，迄未還閻浮提。優填王未能禮佛，憂苦成患，群臣遂建議以牛頭栴檀（牛頭山所產香木）造佛像，優填王即以牛頭栴檀造如來形像高五尺。那時，波斯匿王也純以紫磨金作如來像高五尺。此為印度造佛像之濫觴。

姨母涅槃

佛陀的姨母，即大愛道比丘尼，與其五百比丘尼弟子都來到了佛所，向佛頂禮，合掌而立。大愛道比丘尼對佛說：「我實在不忍見到佛及大阿羅漢比丘們都一個一個入滅，所以我願先入於涅槃。」佛默然許可。

佛陀的姨母便以手摩佛足說：「我今日是最後見到如來了，正覺道者，天人之師，從今以後，我無法再得見了。」於是五百比丘尼也向佛請求，先入於涅槃，佛也都許可了，同時也再次為她們宣說，此身的過患，就是生死憂悲苦，以及種種不如意惱難之事，而讚歎無欲清淨、空、無相、無願、滅度的安樂之法。

這些比丘尼們都法喜充滿，繞佛三匝，頂禮佛而離去，回到精舍後，敷設了五百座，都各就定位。大愛道比丘尼現神足通，從座中隱沒，升虛空中，離地約七多羅樹高，或經行、或坐、或臥，身上出小火，於各方位，一會兒隱沒，一會兒又出現，自在顯現各種神通變化。並放大光明，下照諸幽冥界，上耀諸天界。其他的五百比丘尼，也作種種神通變化。最後，一同入於涅槃。佛則勸諸位賢者，作了五百葬具，以幢幡奉送，如法荼毗火化。

◀佛陀的姨母，大愛道比丘尼，以手摩佛足說：「我今日是最後見到如來了。」於是五百比丘尼也一同入於涅槃。賢者們作五百葬具，幢幡奉送，荼毗火化。

姨母涅槃❶

佛母般泥洹經❷云。爾時佛姨母。大愛道比丘尼。與除饉女五百人。俱到佛所。叉手而立。白佛言。吾不忍睹佛及諸應真滅度。欲先泥洹。佛嘿可之。佛姨母以手摩足曰。吾免睹如來。應儀正真道。最正覺道。法御天人師。三界明。自今不復睹之矣。五百除饉女。陳辭如上。佛亦可之也。佛為說身患生死憂悲苦。不如意惱之難。又歎無欲清淨。空。不願。無相。滅度之安。若於淨器。除饉諸女莫不歡喜。繞佛三匝。稽首而去。還於精舍。敷五百座。皆各就坐。大愛道現神足通。自座沒地。從東南來。在虛空中變化。去地七多羅樹。經行虛空中。乍坐乍臥。上身出水。下身出火。下身出水。上身出火。又沒地中。飛從西方來。化現如前。八方上下。顯現神通不可稱計。放大光明。以照諸冥。上耀諸天。五百除饉。變化亦然。同時泥洹。佛勸賢者作五百葬具。幢幡奉送。如法荼毗。

原典註釋

①**姨母涅槃**：亦載於《增一阿含經》，那時佛陀率領比丘僧眾到大愛道比丘尼的精舍，指示阿難、難陀、羅睺羅，抬起大愛道比丘尼的遺體，佛陀將親自供養。此時，諸天王各自率領眷屬到佛前，合掌頂禮。釋提桓因、毗沙門天王稟告佛陀：「佛陀無須親自勞神，我們當供養大愛道比丘尼的遺體。」這時，佛告諸天：「止！止！天王！如來自當知時。此是如來所應修行，非是天、龍、鬼神所及也。所以然者，父母生子多有所益，長養恩重，乳哺懷抱，要當報恩，不得不報恩。然諸天當知，過去諸佛世尊所生母先取滅度，然後諸佛世尊皆自供養舍利。正使將來諸佛世尊所生之母先取滅度，然後諸佛皆自供養。以此方便，知如來應自供養，非天、龍、鬼神所及也。」因此，佛陀應親自供養大愛道比丘尼的遺體。

佛陀抬起大愛道比丘尼棺的一角，阿難、難陀、羅睺羅各抬起一角，比丘、比丘尼、優婆塞、優婆夷等，也合力各抬起五百比丘尼遺體，前往墳場。佛陀拿起旃檀木，放在大愛道比丘尼的遺體，而說偈：「一切行無常，生者必有盡；不生則不死，此滅為最樂。」又據《根本說一切有部毗奈耶雜事》載，佛陀眾人，瞻仰大愛道與五百大比丘尼最後遺容，使大眾深生敬信，而對大眾說：「汝等看此，大世主喬答彌等壽百二十歲，身無老相如十六歲童女。」意思你們看懂了嗎？大愛道及五百大比丘尼，都是一百二十歲左右的人了，但她們的面相與體態，仍像十六、七歲的少女，這是不可思議的事，這是因為她們的精進修持，並在過去世，迦葉佛的時代，供養了佛的舍利塔，所種下的善根。

②**佛母般泥洹經**：全一卷，劉宋慧簡譯。即《大愛道般涅槃經》（西晉白法祖譯）之異譯。述佛陀姨母大愛道比丘尼，入滅送終等相關事蹟。

請佛入滅

魔王來到佛所，他裝著恭敬的樣子，向佛頂禮說：「還記得以前我曾勸您入涅槃的事嗎？那時您對我說，您所要度的比丘、比丘尼，優婆塞、優婆夷四眾弟子還未具足，是不會入涅槃的。但現在您的四眾弟子都具足了，所要度化的眾生也都已經得度了，唯願世尊您就速入於涅槃吧。」

這時世尊對魔王波旬說：「波旬，我入涅槃的事，就用不著你來操心了，但我可以明白地告訴你，在三個月後，我將入於涅槃。」魔王聽佛親口說過三個月後將入涅槃，歡喜踴躍，不能自勝，向佛禮拜後，便回到了魔宮。

佛已向魔王說三個月後將入涅槃，便即捨無量之壽，以神通力，住世間三個月壽命。這時大地六種震動，日月昏暗無光，風雨異常。天龍八部都非常驚駭，他們各個來到了佛所，向佛請示。佛便把三月後即將入涅槃的事告訴了眾人。

阿難禁不住向佛問：「世尊不是曾經說過修習四神足的人，能住壽一劫，或長或短，可隨意自在，為何如來不久住於世間，而要示現與一般人相同的壽命呢？」佛說：「阿難，我所以這樣做，就是要使人們警覺，讓他們知道世間一切都是無常的，無法久住，即使是佛身也無法例外，如此才能使他們生起勇猛精進心，不放逸懈怠。」阿難聽了之後，悲泣而不能自勝，深深地自責。

◀魔王來到佛所，請佛入於涅槃，世尊對魔王波旬說：「在三個月之後，我將入於涅槃。」魔王歡喜踴躍，不能自勝，向佛禮拜後，便回到了魔宮。

請佛入滅❶

摩訶摩耶經云。爾時魔王波旬。即來佛所。稽首禮足。而白佛言。我於往昔。勸請世尊入於涅槃。於時世尊而答我言。我諸弟子。比丘。比丘尼。優婆塞。優婆夷。未具足故。所以未應入於涅槃。世尊今者。諸四部眾。皆悉具足。所度已畢。唯願善逝。速入涅槃。爾時世尊。即答魔言。善哉波旬。當知如來。卻後三月。入於涅槃。時魔波旬。見佛許已。歡喜踴躍。不能自勝。頂禮佛足。還歸天宮。爾時如來既許天魔。卻後三月。當入涅槃。即便捨於無量之壽。以神通力故。住命三月。於時大地六種震動。日無精光。風雨違常。天龍八部。莫不駭怖。來至佛所。遍塞空中。時阿難白佛言。世尊常說四神足人。則能住壽一劫住世。若滅一劫。隨意自在。云何如來不久住世。同於諸行。佛言。阿難當知。一切諸行。法皆如是。不得常存。阿難聞已。迷悶懊惱。不能自勝。悲號涕泣。深追悔責。

原典註釋

①**請佛入滅**：這一典故載於《長阿含經》中，佛陀於毗舍離結夏安居時，示現病苦，全身疼痛。某日，佛陀與阿難獨處，佛告訴阿難：「諸有修四神足，多修習行，常念不忘，在意所欲，可得不死一劫有餘。阿難！佛四神足已多修行，專念不忘，在意所欲，如來可止一劫有餘，為世除冥，多所饒益，天人獲安。」這意思是佛已經證得四神足，是可自己決定是否要住世超過一劫。這是給阿難的暗示，佛延長住世時間，是需要被眾生勸請的，但是阿難只是默然聽著，並沒有任何回應，於是佛陀一再重複，提示了三遍。然而，阿難受到天魔障蔽，心識晦暗，無法領悟佛陀的意思，因而未把握因緣，請佛住世。佛陀知因緣如此，便讓阿難退去。

不久，魔王波旬現身在佛前，請佛快入涅槃，佛只好宣告三個月後涅槃。這時阿難才又回來問佛，「您不是說，佛已經證得四神足，可以住世超過一劫之久，饒益一切人天嗎？」佛陀告訴阿難：「先前，你怎麼不勸請如來住世、不要滅度呢？現在勸請，為時已晚。因為我已允諾魔王將捨壽離世，一言既出，覆水難收，佛是不打妄語的。」

這四神足，又稱四如意足，也就是用四種定力攝心，使所願皆得，故名如意足，包括：欲神足、勤神足、心神足、觀神足。而關於阿難錯失請佛住世的機緣，後也遭到其他比丘的苛責，認為是他的過失。

佛指移石

在拘尸那城中，三十萬力士，聽說佛不久要入涅槃，且將經過此娑羅林，遂集合了眾人來清理道路。但有一大石擋在路中央，三十萬力士用盡了力氣，仍然無法移動。

這時，佛陀化成了沙門，來到這些力士前面，故意問：「你們這些小孩子在這裡做些什麼？」這些力士聽了，有些不服氣，對沙門說：「你憑什麼說我們是小孩子呢？」沙門說：「你們三十萬力士，用了那麼大的力氣，卻不能移動這顆擋路石，為什麼不能說你們是小孩子呢？」力士說：「你既然這樣看不起我們，那你必然是有大力氣的人，一定能移動這顆石頭，現在，我們倒要是要見識見識你的本事了。」

於是沙門以腳足二指就挑起了大石，還以手舉石，拋向空中。這些力士都非常驚怖，準備要各自逃竄。沙門說：「你們何必這麼害怕呢？」隨即便以手接回這個石頭，要放回地面。這些力士好奇地問說：「如此大的一塊石頭，究竟是屬於常，還是無常呢？」沙門就以口吹石，這大石當下便碎為微塵。力士們見此，說道：「原來看起來這樣堅固的一塊大石頭，也是無常的。」他們生起慚愧，心中各自道：「我們平時都以為自己身體強壯，有大力氣，而且命好又有財富，因而生憍慢心，這真是愚蠢的想法啊！」

佛知道了他們的心念，即捨了化身，還原佛的本來形象，為力士們說法。眾力們士便都發起了菩提心。

▲佛陀化成了沙門，來到這些大力士前面，以腳足二指就挑起了大石，又以口吹，大石當下便碎為微塵。力士頓然領悟，即使堅固如大石，也是無常。

佛指移石

佛指移石

涅槃經[1]云。拘尸那城中。有力士[2]三十萬人。聞世尊入於涅槃。當於此路。至娑羅林。由是力士。平治此道。爾時世尊。化作沙門。至力士所。作如是言。諸童子輩。作何事耶。力士聞已。皆生嗔恨。語沙門曰。汝今云何。謂我等為童子耶。沙門言。汝等大眾。三十萬人。盡其身力。不能移此當路之石。云何不名為童子乎。力士言。汝若謂我為童子者。當知汝即是有力大人也。時沙門以足二指。挑起此石。復言沙門。汝今能移此石。出於道否。沙門以手擲石。置虛空中。力士皆生驚怖。尋欲逃竄。沙門言。汝等不應生怖。力士復作是言。沙門。是石常耶。是無常耶。沙門以口吹之。石即散壞。猶如微塵。力士見已。唱言沙門。是石無常。即生愧心。而自克責。云何我等。恃怙自在。色力命財。而生憍慢。佛知其心。即捨化身。還復本形。而為說法。力士見已。一切皆發菩提之心。

原典註解

①**涅槃經**：此處應為《大般涅槃經》四十卷，北涼曇無讖譯。原始經文出自《大般涅槃經》卷三十一：「拘尸那竭有諸力士三十萬人無所繫屬，自恃憍，恣色、力、命、財，狂醉亂心。善男子！我為調伏諸力士故。」又云：「我於爾時以口吹之，石即散壞，猶如微塵。力士見已，唱言：『沙門！是石無常。』即生愧心而自考責：『云何我等恃怙自在色、力、命、財而生憍慢？』我知其心，即捨化身，還復本形而為說法。力士見已，一切皆發菩提之心。」

②**力士**：又稱末羅，指大力之男子，又指為一種族人，住於中印度之拘尸那竭城、波婆城等地之族人。乃古代印度十六大種族之一，屬於剎帝利種。《長阿含經．遊行品》卷四：「世尊在拘尸那竭城本所生處，娑羅園中雙樹間，臨將滅度，告阿難曰：『汝入拘尸那竭城，告諸末羅。』」拘尸那竭城，為力士（末羅）一族之所生處，故稱力士生地。《大般涅槃經》：「佛在拘尸那國，力士生地，阿利羅跋提河邊，娑羅雙樹間。」

囑分舍利

佛來到跋提河，對阿難說：「我今天有些疲憊，想入河洗浴一下。」阿難幫佛脫下了袈裟，放置河岸上。

佛入河洗浴完後，對阿難說：「你現在可以仔細觀察，我這三十二相莊嚴身相，因為三個月之後，我將要入涅槃了。」

阿難對佛說：「唯願世尊為我說，佛涅槃後，一切眾生該如何供養如來舍利等事。」

佛告訴阿難說：「如來入涅槃時，即入金剛三昧，當碎此肉身，猶如芥子，所有舍利：分一份與諸天，一份與龍王界，分一份與夜叉，那時諸天龍王、毗沙門天王，都會以香花來供養舍利，恭敬禮拜，就如同見佛身一般，都發無上大菩提願。其餘舍利，就留在人間，將來有一位國王名阿育王，他為了要供養佛身舍利，將會起造八萬四千塔。此外，又有六萬諸王，他們也會造塔來供養舍利，如果有人以種種花鬘，雜香、明燈、音樂作供養，並恭敬禮拜，將種無上菩提善根。如果有出家弟子能見到此舍利，以淨信心，身披袈裟，精進修持，都能成就道業。如來有大威德，以法身，如依生身故。若人供養生身舍利，所得功德無量。」

◀佛告訴阿難說：「所有舍利：分一份與諸天，一份與龍王界，分一份與夜叉。其餘舍利，留在人間，將來有一國王名阿育王，將會起造八萬四千塔。」

囑分舍利

蓮華面經[1]云。佛於跋提河。告阿難言。我今疲極。可入河浴。世尊脫袈裟。置河岸上。入河浴已。佛告阿難。汝可觀我三十二相莊嚴之身。卻後三月。當入涅槃。阿難白佛言。惟願世尊。為我宣說佛涅槃後。諸衆生等。供養如來舍利等事。佛告阿難。如來入涅槃時。入金剛三昧。碎此肉身。猶如芥子。如是一分舍利。向諸天所。一分舍利。向龍王世界。一分舍利。向夜叉世界。爾時諸天龍王。毗沙門天王。皆以香花供養舍利。如見佛身。恭敬禮拜。皆發無上大菩提願。彼餘舍利。在閻浮提。當來有王。名阿輸迦。為供養舍利。造八萬四千塔。復有六萬諸王。亦各造塔。供養舍利。以諸花鬘。雜香。燈明。音樂。恭敬禮拜。種無上菩提善根。或有出家。信心清淨。而被法服。精勤修道。皆悉漏盡。而般涅槃。如來有大威德。以彼法身。依生身故。供養生身舍利。所得無量功德

原典註釋

①**蓮華面經**：又稱《佛說蓮華面經》，隋那連提耶舍譯。內容敘述佛陀將入滅，令阿難諦觀金身，說現將來壞法之惡事，之後至菩提樹下，諸天悲嘆。經名「蓮華面」，乃取自破佛王的前生，名為蓮華面（為富蘭那教徒），此乃佛預言，後世破佛王的出現，將毀破佛法等種種佛教興衰情況。《蓮華面經》卷二：「有富蘭那外道弟子，名蓮花面，聰明智慧，善解天文二十八宿五星諸度，身如金色，此大癡人，已曾供養四阿羅漢，當供養時作如是誓：『願我未來破壞佛法，以其供養阿羅漢故，世世受於端正之身。』於最後身生國王家，身為國王名寐吱曷羅俱邏，而滅我法。此大癡人破碎我缽，既破缽已生於阿鼻大地獄中。」此經應與南北朝至隋代之間，末法思想形成背景有關。

付囑國王

佛在王舍城靈鷲山中，為波斯匿王等十六大國王說般若波羅蜜多等法後，又付囑這些國王：「當國土遇到種種災難時，你們應常請百位法師，敷設百高座，每天講誦此經兩次。無量鬼神聽聞此經，便會來保護你們的國土，使人天果報都能得到滿足，一切的災難也都能消滅。」

佛告訴波斯匿王：「未來佛法衰落，人民會因為多造惡業的緣故，而引起國中發生種種災難。所以，你們不但要為自身的利益，更要為全國百姓能得安樂而著想，應常受持此經。我把建立守護三寶之事付囑各位國王，而不付囑比丘、比丘尼、優婆塞、優婆夷等四眾弟子。這是為什麼呢？因為他們並沒有國王的權威勢力，無法負擔起護持的重任。我滅度後，未來五濁惡世時，將會有國王、王子、大臣等，因為自恃尊貴，而毀滅佛教，並限制佛門弟子不准出家、不許造佛塔像。所以大王今後，要廣度比丘、比丘尼，並造佛塔寺經像。」

◀佛付囑說：「我把守護三寶之事付囑各位國王，而不付囑比丘等四眾弟子。是因為他們並沒有國王的權威勢力，所以要請各位負擔起護持的重任。」

付囑國王

付囑國王

仁王般若經[1]云。佛在王舍城鷲峰山中。為十六大國王。波斯匿王等。說般若波羅蜜多。十四正行等法竟。復囑王曰。當國土有諸災難時。應當請百法師。敷百高座。一日二時。講誦此經。無量鬼神。若聞此經。護汝國土。人天果報。皆得滿足。一切災難。悉皆消滅。佛告波斯匿王。我滅度後。法欲滅時。一切有情。造惡業故。令諸國土。種種災起。諸國王等。為護自身。太子王子。後妃眷屬。百官百姓。一切國土。即當受持此般若波羅蜜多。皆得安樂。我以是法。付囑國王。不付比丘。比丘尼。優婆塞。優婆夷。所以者何。無王威力。不能建立正法。護持三寶。復告波斯匿王。今誡汝等。吾滅度後。正法欲滅。此經三寶。付囑國王。建立守護。大王後五濁世。一切國王。王子大臣。自恃高貴。破滅吾教。制我弟子。不聽出家。造佛塔像。大王從今已後。應廣度比丘。比丘尼。造佛塔寺經像。

原典註解

①**仁王般若經**：又稱《仁王般若波羅蜜經》、《仁王護國般若波羅蜜經》，簡稱《仁王經》。現存兩種譯本：一為《仁王般若波羅蜜經》，姚秦鳩摩羅什譯；一為《仁王護國般若波羅蜜多經》，唐不空譯。此經為鎮護國家、增壽、除滅七難等而修。與《請雨經》、《孔雀經》、《守護經》共稱為四大法。

此經之流行，反映了當時佛教與統治者間的關係，有其和政教相關的歷史背景。其主要思想，以般若空為要旨，說明佛果、菩薩十地行法門，及守護國土的因緣，並作為實現國家社會和平之基石，為大乘教義思想的擴展。唐朝不空更建立護國法會的設壇、觀想、結印等行法，使得本經與密教儀規連結，經本流行後，中土歷代王朝常有仁王法會設施，多依此經〈護國品〉所說儀規布置及讚誦，以鎮國護家。

付囑諸天

世尊把分舍利的事交代阿難之後，心想：「為了將久遠劫以來勤修所成就的佛法，永久住於世間，我應當往諸天所住，付囑此事。」於是如來便昇上三十三天，帝釋天王見世尊來此，敷設高座，請佛上坐。

世尊即坐後，帝釋天王領百千天人眾，齊向佛恭敬頂禮。佛對帝釋天說：「我這次是特別來告訴你們，我將於不久入涅槃。所以，今將佛法付囑你們，盼望你們能善加護持佛法。」

帝釋天王聽到佛將入涅槃，淚流而下，悲涕說：「世尊為何您要這麼快就入涅槃呢？如此世間法眼也將從此滅去了，世尊要我們護持佛法，這原本就是我們份內的事，這當然是義不容辭。就像過去，如來自兜率陀天降於母胎時，我與忉利天天眾便常作守護；一直到佛誕生時，我亦與諸天人共同守護；如來在菩提樹下降伏魔軍，成等正覺，我與諸天眾守護；如來於鹿野苑中轉妙法輪，我也是與天眾常隨守護；但我今卻無力讓如來不入於涅槃。」

世尊於是為帝釋諸天宣說種種法，並勸喻安慰，示教利喜，令諸天能擁護佛法，久住於世間。

◀如來昇三十三天，帝釋天王領百千天人眾，齊向佛恭敬頂禮。佛對帝釋天說：「我將於不久入涅槃。今將佛法付囑你們，盼望你們能善加護持佛法。」

付囑諸天

蓮華面經云。爾時世尊。為阿難說。分舍利已。復作是念。我於三阿僧祇劫。勤苦修道。所成佛法。欲令久住於世間故。當往諸天所住之處。付囑佛法。爾時如來即昇三十三天[1]。爾時帝釋天王見世尊已。即敷高座。白佛言。願受此座。世尊即坐。與百千眾。頂禮佛足。佛告帝釋。汝今當知。吾亦不久當般涅槃。以此佛法。囑累於汝。汝當護持。帝釋天王。悲泣雨面。抆淚而言。世尊涅槃。一何速哉。世間法眼。於茲永滅。如佛所教。是我力分。即當護持。恭敬供養。如來昔從兜率陀天。降神母胎。我與忉利眾常作守護。及佛生時。亦與諸天。共來守護。坐菩提樹下。破魔軍眾。成等正覺。我與諸天。亦來守護。於鹿野苑中。轉妙法輪。我與天眾亦常守護。我今無力能使如來不入涅槃。無力能護。爾時世尊說種種法。勸喻安慰。示教利喜。帝釋諸天。令護佛法。久住世間。

原典註釋

①**三十三天**：為六欲天之一，又作忉利天。《雜阿含經》及《地藏王菩薩本願經》和諸經，都提及佛陀上昇忉利天，為母說法。在佛教之宇宙觀，此天位於欲界六天的第二天，帝釋天所居之天界位在須彌山頂，中央之宮殿（善見城）為帝釋天所住，四方各有八天城。合計此天有三十三個天城而得名，故稱三十三天。忉利天天人身高一由旬，壽命一千歲，其一日相當於人間一百年，壽命相當於人間三千六百萬年。

付囑龍王

如來付囑諸天護持佛法後，即自天上隱沒，又現身於娑伽羅龍王宮。龍王見如來到來，趕緊為如來敷座，請佛上坐。又命另百千龍眾，都來向佛頂禮。

佛對龍王說：「我今天來此，是要告訴你們一件事。我不久將入涅槃。但此龍世界中，仍有不少的惡龍存在，牠們瞋惡殘暴，不知罪福，恐怕來日會破壞佛法。所以我今特別來把佛法付囑於你，希望善加護持佛法，別讓佛法斷絕。」

龍王知佛不久將入涅槃，悲泣涕流，哽咽而說：「世尊！我等諸龍，就是盲無智慧，才會墮於畜生道中。若佛滅度後，這龍世界便無所依怙了。我們捨命之後，也不知將來轉生何處？諸佛如來是一切眾生的導師，為何如此快速就要入於涅槃。世間從此之後，還有誰能再來指引正法呢？」

世尊於是為諸龍王種種說法，示教利喜。並付囑娑伽羅龍王、德叉迦龍王、難陀龍王、跋難陀龍王、和修吉龍王、阿那婆達多龍王、摩那斯龍王、優缽羅龍王、文鄰龍王、黑色龍王，各自龍王還有千百眷屬，都令其護持佛法，久住世間而不斷絕。

◀佛現身於龍宮，對龍王說：「我不久將入涅槃。但龍界中，仍有不少的惡龍存在，恐怕來日會破壞佛法。所以今特來付囑於你，善加護持佛法。」

付囑龍王

付囑龍王

蓮華面經云。爾時如來。為帝釋諸天。付囑令護佛法。從天上沒。即於娑伽羅龍王宮出。爾時龍王。見如來至。即為如來敷座。佛坐其座。百千龍眾。頂禮佛足。佛告龍王曰。汝今當知。如來不久入於涅槃。我以佛法囑累於汝。汝當守護。無令斷絕。龍王當知。此龍世界。有諸惡龍。多生嗔恚。不知罪福。為惡卒暴。破壞我法。是故我今以此佛法。囑累於汝。爾時龍王。悲泣雨面。抆淚而言。世尊。我諸龍等。盲無慧眼。是故今者。生畜生中。若佛滅後。龍世界空。我等捨命。不知未來。當生何處。諸佛如來。是眾生師。云何今者。欲般涅槃。世間眼滅。爾時世尊。為龍王種種說法。示教利喜。付囑娑伽羅龍王。德叉迦龍王。難陀龍王。跋難陀龍王。和修吉龍王。阿那婆達多龍王。摩那斯龍王。優缽羅龍王。文鄰龍王。黑色龍王[1]。各與若干百千眷屬令護佛法。久住世間而不斷絕。

原典註釋》

①**八大龍王**：又稱「八個那伽之王」，原是印度神話中八位那伽之王，後為佛教吸收為天龍八部之護法神，古印度佛教所說的八大龍王：持地龍王、歡喜近喜龍王、馬騾龍王、意猛龍王、持國龍王、大黑龍王、翳羅葉龍王（即和修吉）、目支鄰陀龍王（又譯作目真鄰陀、目鄰，曾在釋迦佛成佛時，現七頭身為佛陀遮雨）。而在《法華經》中那伽龍族亦有八大龍王：

一、難陀龍王：意譯歡喜龍王，印度教稱舍沙，密教譯為無邊龍王。為諸龍眾上首，如來降生時，與跋難陀龍王吐淨水，一溫一涼，灌太子身。

二、跋難陀龍王：意譯賢喜龍王，曾和難陀龍王共同保護摩訶陀國免於饑饉。

三、娑伽羅龍王：意譯海龍王。密教作力游龍王，海龍宮之王，為二十諸天之一，亦為觀世音菩薩二十八部眾之一。

四、和修吉龍王：意譯寶有龍王，日本多稱作「九頭龍王」、「九頭龍大神」等。密教譯為廣財龍王。印度教認為和修吉是龍王上首。

五、德叉迦龍王：意譯多舌龍王、兩舌龍王、現毒龍王。密教譯安止龍王。傳說被此龍怒視之人會氣絕而亡。

六、阿那婆達多龍王：意譯無熱惱龍王。音譯又作阿耨達龍王。居住在喜馬拉雅北方的阿耨達池（無熱惱池），傳說為閻浮提四大河發源地。

七、摩那斯龍王：意譯為大身龍王、大力龍王、慈心龍王。印度教中又作蓮花龍女王，密教作蓮花龍王。在印度教傳說中，阿修羅以海水侵襲喜見城，龍王舞動身體將海水逆流。

八、優鉢羅龍王：意譯為青蓮華龍王。「青蓮華」又音譯為「優鉢羅華（花）」等。其居住在青蓮花池。

請佛住世

佛在拘尸那城，阿利羅跋提河邊的娑羅雙樹間，與八十億比丘前後圍繞。

二月十五這天，佛將涅槃時，問一切眾生說：「如來能知一切，憐憫一切眾生，猶如當成自己的孩子一般呵護。今日我將要滅度了，你們之中，如果還有什麼疑問的，此刻都可以提出。」

佛說完此話，便從祂的容顏放出了種種光明，遍照三千大千世界，乃至十方佛土。六趣眾生也因為遇此光者，使罪垢煩惱都消滅了。

世間所有人民，都一同悲歎，愁憂苦惱，淚如雨下。甚至捶胸呼喊：「嗚呼！失去了世間的佛陀，如同失去了我們的慈父，真是痛苦啊！」

於是四眾弟子一起討論：「佛法如果不住在世，眾生福報將消失殆盡，不善諸業也將增長，我們從今而後也無所依靠了，更無所崇仰，就如貧窮孤伶的人一樣。如此活在世間，也毫無意義了。所以我們得趕快前往拘尸那城，向佛頂禮，勸請如來不要入涅槃。」

於是眾弟子們共同來到佛所，頭面頂禮，垂淚而說：「惟願佛能住世，莫入涅槃。」這時世尊只是默然，眾弟子見佛並沒有同意這樣的請求，頓時放聲哭泣。

◀ 四眾弟子們共同來到佛所，頭面頂禮，垂淚而說：「惟願佛能住世，莫入涅槃。」世尊只是默然，眾弟子見佛並沒有同意這樣的請求，頓時放聲哭泣。

請佛住世

請佛住世[1]

大般涅槃經云。佛在拘尸那城力士生地。阿利羅跋提河邊。娑羅雙樹間。與八十億比丘前後圍繞。二月十五日。臨涅槃時。出大音聲。普告眾生。今日如來應正遍知。憐愍眾生。覆護眾生。等視眾生。猶如一子。大覺世尊。將欲滅度。若有所疑。今悉可問。爾時世尊。從其面門。放種種光。青黃赤白。玻黎瑪瑙。色光遍照三千大千世界。乃至十方一切佛土。六趣眾生。遇斯光者。罪垢煩惱。皆悉除滅。咸皆悲歎。愁憂苦惱。舉身啼哭。悲號哀慟。搥胸大叫。淚下如雨。嗚呼慈父。痛哉苦哉。時諸四眾。共相謂言。當疾往詣拘尸那城。力士生地。禮拜供養。勸請如來。莫般涅槃。復作是言。世間虛空。眾生福盡。不善諸業。增長出世。我等從今。無有救護。無所宗仰。貧窮孤露。作是念已。俱詣佛所。頭面頂禮。抆淚而言。惟願世尊。莫入涅槃。世尊默然。不果所願。同時號哭。

原典註釋

①**請佛住世**：為普賢十大行願之一，《大方廣佛華嚴經》〈入不思議解脫境界普賢行願品〉：「欲成就此功德門，應修十種廣大行願。何等為十？一者、禮敬諸佛，二者、稱讚如來，三者、廣修供養，四者、懺悔業障，五者、隨喜功德，六者、請轉法輪，七者、請佛住世，八者、常隨佛學，九者、恒順眾生，十者、普皆迴向。」《普賢菩薩行願讚》云：「所有欲現涅槃者，我皆於彼合掌請，唯願久住剎塵劫，為諸群生利安樂。」此頌的意思是，當所有諸佛欲示現涅槃時，我（普賢菩薩）都將前去向祂們合掌勸請，願每一尊佛都能永住世間，不入涅槃，這是為了慈憫眾生，利樂更多有情，使他們安樂。諸佛「久住」有三義：

一、諸佛能以神力化應化身，隨處隨現，接引因緣成熟的有情眾生。

二、諸佛願力所成身，如西方阿彌陀佛，號無量壽佛，成佛以來已經十劫（一劫時間為世間以一億光年為單位來計算），尚能住世無量劫；又如《法華經》所說釋迦世尊，常住靈山淨土。

三、諸佛以自在功德身，豎窮三際，橫遍十方，常在遍在，即法身常在。（參見釋聖嚴，《普賢菩薩行願讚講記》）

天龍悲泣

世尊離開菩提樹下時，帝釋天王，及三十三天眾，須摩天，兜率陀天，化樂天，各諸天眾，都舉聲悲泣，以手拭淚而說：「如來容色甚微妙，超勝眾生無比者，如是莊嚴殊特身，不久之間當滅度。」毗摩質多阿修羅王，與阿修羅眾；娑伽羅龍王，與諸龍眾；毗留勒叉天王，與鳩槃荼眾；毗留博叉天王、提頭賴吒天王，與諸龍眾；毗沙門天王，散脂迦大夜叉大將，摩尼跋陀羅大夜叉將，與夜叉眾；天神、地祇、金剛密跡、藍毗尼林神、迦毗羅衛城神、菩提樹神，與諸天龍八部等眾，都發出大音聲，悲啼號哭，說：「佛陀是眾生之父，不久當沒。」

佛對他們說：「你們不必這樣傷心痛哭。這世間一切現象，都是因緣和合而有，既然有生，必然有滅。沒有任何事物可以長久而住的，也沒有任何人能使生滅無常之物永恆存在，而不滅壞。」佛又為他們說種種法，讓他們心開意解，生大歡喜。諸天龍王頂禮世尊後，各自回到了本處。

◀ 天神與諸天龍八部等眾，悲啼號哭說：「佛陀是眾生之父，不久當沒。」佛對他們說因緣法，沒有任何人能使生滅無常之物永恆存在，而不滅壞。

大龍悲泣

蓮華面經云。爾時世尊。離菩提樹時。帝釋天王。與三十三天眾。須焰摩天。兜率陀天。化樂天。各與諸天眾。同時舉聲悲泣雨淚。以手抆淚。而說偈言。如來容色甚微妙。超勝眾生無比者。如是莊嚴殊特身。不久之間當滅度。是時毗摩質多阿修羅王。與阿修羅眾。婆伽羅龍王。與諸龍眾。毗留勒叉天王。與鳩槃茶眾。毗留博叉天王。提頭賴吒天王。與諸龍眾。毗沙門天王。散脂迦大夜叉大將。摩尼跋陀羅大夜叉將。與夜叉眾。地神。天祇。林神。金剛密跡。藍毗尼林神。迦毗羅衛城神。菩提樹神。與諸天龍八部[1]等眾。出大音聲。悲啼號哭。而作是言。佛是眾生之父。不久當沒。佛言。汝等莫哭。令心迷悶。何有世間而受生者。因緣和合有為之法。而得久住。強令無常之法不滅法者。無有是處。爾時世尊。種種說法。令心開解。生大歡喜。諸天龍王。頂禮世尊。各還本處。

《原典註釋》

①**天龍八部**：為佛教中護法神，又稱八部眾，包括：天、龍、夜叉、阿修羅、迦樓羅、乾闥婆、緊那羅、摩睺羅伽。因諸天和龍神為八部眾上首，故稱之「天龍八部」。「天」，如護法神中的大梵天、大黑天、帝釋天、四大天王、韋馱天等。「龍」，指八大龍王等水族之主；「夜叉」，亦作藥叉，一種捷疾勇健，能飛騰空中的鬼神類；「乾闥婆」，又稱香神，為帝釋天的音樂神，以聞香為食，身上諸多香；「阿修羅」，意譯作非天、無端正，此指天趣攝化生的阿修羅；「迦樓羅」，即金翅鳥，身形巨大，其兩翅張開有三三六萬里，取龍為食，一日可食五百條；「緊那羅」，帝釋天的音樂神之一，演奏法樂，此神形象為半人半馬，形貌似人，然頂有一角，人見起疑，故譯為疑人、疑神，又名「人非人」，又稱天伎神、歌神；「摩睺羅伽」，即大蟒蛇之神，人身蛇頭，又稱為「地龍」。此八部眾皆佛之眷屬，受佛威德所感化，而發願護持佛法。因此在大乘經典中，經常以佛說法時的「聽眾」和「護法」形象出現。

魔王說咒

魔王波旬與無量徒眾，準備了種種飲食，來到了佛所，向佛作禮，說：「願世尊慈悲哀憫，接受我的一些供養。另還有一事，我想告知世尊，世間如果有善男子、善女人，能稱大乘經名者，無論是真實的，或是偽造的，我等皆都會為此人，作無畏咒而守護著他。這無畏咒是這樣的誦持的：『吔翅吒吒羅，吔翅魯樓麗，摩訶魯樓麗。阿羅摩。羅多羅。悉波呵。』這咒語，能令心亂的人得到甚深的妙定，能讓恐怖的人遠離種種恐怖，能使成為法師的人辯才無礙，也能降伏外道。如果有人能發心護持正法，也必然為此咒所保護，如佩帶神劍一樣。我這咒術可真實靈驗。如果有人能持誦此咒，在曠野路上，遇到凶猛毒獸，或水火等災難，持此咒，眾難都可消除。願世尊受我供養，並為此神咒印可。」

世尊說：「魔王！我是不會接受你的飲食供養，但這神咒既然可安隱一切眾生，我就代一切眾生接受你的神咒法施。」大自在天王見佛接受此咒，便放大光明，遍照世界，頂禮讚歎。

▲魔王波旬與無量徒眾準備了種種飲食，來到了佛所供養，並說咒願以保護一切眾生。佛不接受他們的供養，但代替一切眾生接受其神咒法施。

魔王說咒

魔王說呪

大般泥洹經[1]云。爾時天魔波旬。與無量天子天女衆。辦諸飲食。來詣佛所。稽首請佛。惟願世尊。哀受我供。受我供已。其有善男子。善女人。若有稱摩訶衍名者。若真若偽。我等皆當為是人等。作無畏呪。而守護之。而說是呪。吔翅吒吒羅。吔翅魯樓麗。摩訶魯樓麗。阿羅摩。羅多羅。悉波呵。魔王白佛言。世尊。是呪能令諸亂心者。得深妙定。能令諸恐怖者。離諸恐怖。能令為法師者。辯才無礙。悉能降伏外道。諸有能護正法者。為是呪所護。如佩神劍。我此呪術。所說誠諦。若有人能持此呪者。若止曠野。凶害毒獸。水火難等。若持若說。衆難悉除。我等今日。皆悉已離。諸難諂曲。惟願世尊哀受我供。願並印可。所說神呪。爾時世尊即告魔言。我不受汝飯食供養。為安隱一切衆生故。今當受汝神呪法施。時大自在天王見已。放大光明。遍照世界。稽首讚歎。

原典註釋

①**大般泥洹經**：東晉法顯譯，又稱《六卷泥洹經》，又名《方等泥洹經》、《方等般泥洹經》。異譯本有《長阿含》第二經〈遊行經〉三卷、《佛般泥洹經》二卷，其中以巴利本《長部》第十六經與本經最為相近。

全經旨在敘述世尊入滅前後之種種事蹟，及從王舍城至毗舍離之間的若干事件。此外，本經亦有日譯、英譯及德譯。

純陀後供

拘夷那竭國有位純陀長者。他和五百位長者的弟子，聽說佛將入涅槃，他們非常憂愁，於是一起來到佛前頂禮，淚流而下，對佛說：「但願世尊能憐憫眾生，接受我們對您最後的供養，讓世間一切眾生都能得到解脫。」

世尊說：「純陀，我接受你們最後的供養。你不要憂傷，應該高興才是！你也不必請如來住世。你應知道，世間一切事物都是無常，所有切眾生都不例外。」接著，佛說一段偈語：

正使久在世，終歸會當滅。雖生長壽天，命亦要當盡。
事成皆當敗，有者悉磨滅。壯為老所壞，強者病所困。
人生皆有死，無常安可久，妻子及象馬，錢財悉復然。
世間諸親戚，眷屬皆別離。唯有生老苦，病死之大患。

純陀聽了，禁不住地痛哭，他流著眼淚再次向佛請求：「請世尊能久住世間，悲憫眾生。」佛回答說：「純陀，你就別再哭啼了，這樣只會擾亂自己的心。你應該好好思維，要知道世間任何的有為之法，這一切現象，沒有永久而堅固的。」純陀說：「如來如果不哀憫眾生，久住世間，這世間就變得空虛而不實，眾生也沒有希望了，我們如何不悲傷呢？」佛說：「純陀，我正是因為憐憫一切眾生，才要入涅槃的。因為有為之法，終究是生滅的，即使是佛的肉身也無法例外。」

◀純陀長者供養佛，請佛住世，佛對純陀說：「我正是因為憐憫一切眾生，才要入涅槃的。因為有為之法，終究是生滅的，即使是佛的肉身也無法例外。」

純陀後供

純陀後供[1]

大般泥洹經云。拘夷那竭國。有長者名曰純陀。與五百長者子俱。心懷憂慼。為佛作禮。淚下如雨。合掌白佛。惟願世尊。哀受我等最後供養。當令我及一切眾生。悉蒙解脫。世尊告純陀言。當受汝請。最後供養。汝今純陀。莫生憂惱。應大歡喜。汝今勿請如來。長住此世。當觀世間。皆悉無常。一切眾生。性亦如是。止使久在世。終歸會當滅。雖生長壽天。命亦要當盡。事成皆當敗。有者悉磨滅。壯為老所壞。強者病所困。人生皆有死。無常安可久。妻子及象馬。錢財悉復然。世間諸親戚。眷屬皆別離。惟有生老苦。病死之大患。純陀悲號流淚。而復啟請。願哀久住。世尊告曰。純陀。汝莫啼哭。自亂其心。當正思惟。當知有為。無有堅實。純陀白佛。如來不哀住世。世間空虛。我等那得而不啼哭。佛言。純陀。今我哀汝。及諸眾生。而般涅槃。諸佛法爾。有為之法。一切皆然。

原典註釋

①**純陀**：又作準陀、准陀、淳陀、周那等。意譯稚小或妙。為佛世時中印度波婆城的鐵匠，乃最後供養佛陀者。據《長阿含經》所載，純陀以旃檀樹耳供養佛陀。《長阿含經》卷三：「時有工師子，名曰周那，聞佛從彼末羅來至此城，即自嚴服至世尊所，頭面禮足，在一面坐。時，佛漸為周那說法正化，示教利喜。周那聞佛說法，信心歡喜，即請世尊，明日舍食。時，佛默然受請。周那知佛許可，即從座起，禮佛而歸……（略），周那尋設飯食供佛及僧，別煮旃檀樹耳，世所奇珍，獨奉世尊。佛告周那：勿以此耳與諸比丘。周那受教，不敢與。」佛受供後，率眾繼續往前行，但途中突患背痛（或有說患嚴重血痢，劇痛幾乎瀕於死，但佛攝心自持，忍受而無任何怨言），其後佛便取涅槃。所以阿難曾對佛說：「周那設供，無有福利，所以者何？如來最後於其舍食，便取涅槃。」可是佛告訴阿難：「勿作是言！勿作是言！今者周那為獲大利，為得壽命、得色、得力、得善名譽，生多財寶，死得生天，所欲自然。所以者何？佛初成道，能施食者；佛臨滅度，能施食者，此二功德，正等無異。」由此，可知佛的慈悲。有關純陀所供養的旃檀樹耳，為菌類之一種，又稱木耳。有些學者解釋為「豕肉」。

度須跋陀

一名須跋陀羅外道，聽了佛說大般涅槃法的高深妙法之後，領悟了法的真理，得了法眼淨，守護止法，捨棄了外道邪說。他對佛法深信敬仰，且堅信不疑，便向佛請求出家。佛說：「善來！」他便出家成了比丘。從此進入佛門。佛法智慧如灌頂一般，使他豁然開朗，頓然大悟，他很快便證得了阿羅漢果。

他在佛前長跪合掌，悲喜交加，深自懺悔自責，對佛說：「長劫以來，我被貪、嗔、癡這三毒所迷惑，讓我在無明與邪見中，沉淪於三界外道法裡，侵害太深了。而今，慶幸能蒙如來恩德，入於正法。世尊的智慧如同大海，無邊無際。我暗自思量，就算我以累劫累世的肉身粉碎，也無法報答佛的大恩。」

須跋陀羅說到淚流滿面，而無法控制，說到傷心處，更是泣不成聲。停了一會兒，又對佛說：「此刻，我年紀大了。剩下的日子已無多，但仍未脫離苦海，許許多多煩惱仍然糾纏著我，請求世尊不要入涅槃。」世尊並沒有答應。須跋陀羅便放聲大哭，身子摔落在地，昏倒過去，很久才醒來。

他涕淚哽咽又對佛說：「我不忍心見如來涅槃，我寧願先走，只希望如來能在我死後再入涅槃。」

須跋陀羅說完後，沒過一會兒便圓寂了。佛讓大眾用香木火化了須跋陀羅的遺體。

◀須跋陀羅外道聽佛說，領悟真理，捨外道邪說，向佛請求出家，證阿羅漢果。他在佛前長跪感恩，因不忍心見如來涅槃，便先圓寂，大眾以香木火化。

度須跋陀

度須跋陀

涅槃經後分云。時須跋陀羅❶。從佛聞說大般涅槃。甚深妙法。得法眼淨。愛護正法。已捨邪見。於佛法中。深信堅固。欲求出家。佛言善來。即成沙門。法性智水。灌注心源。無復縛著。漏盡意解。得羅漢果。即於佛前長跪合掌。悲喜交流。深自悔責。而白佛言。恨我毒身。久劫已來。常相欺惑。令我長沒無明邪見。淪溺三界。外道法中。為害滋甚。今大慶幸。蒙如來恩。得入正法。世尊智慧大海。慈愍無量。竊自惟忖。累劫碎身。未能報此須臾之恩。悲泣流淚。不能自裁。復白佛言。我年老邁。餘命未幾。未脫眾苦。行苦遷逼。惟願世尊。莫般涅槃。世尊不許。須跋陀羅。發聲大哭。舉身投地。昏迷悶絕。久乃蘇醒。涕淚哽噎。白佛言。我今不忍見於如來入般涅槃。我今寧可先自速滅。唯願世尊。後當涅槃。說是語已。悲戀哽咽。於是時頃。先入涅槃。佛勅大眾。以雜香木荼毗其尸。

原典註釋

①**須跋陀羅**：又稱須拔陀、須跋。意譯善賢、好賢。為佛陀入滅前，最後受教誡而得道弟子。據《長阿含經》所載，須跋陀羅原為拘尸城的梵志，當時已經年一百二十歲，以多智著稱。因聞佛陀將入滅，乃往娑羅樹林的涅槃處欲見佛陀，「拘尸城內，有一梵志，名曰須跋，年百二十，耆舊多智，聞沙門瞿曇今夜於雙樹間當取滅度，自念言：吾於法有疑，唯有瞿曇能解我意，今當及時自力而行。」但為阿難所阻擋，經過再三懇求，獲佛陀允許，佛為他說八聖道：「若諸法中，無八聖道者，則無第一沙門果，第二、第三、第四沙門果。」須跋即於其夜出家受戒，淨修梵行，而於入夜未久，即成阿羅漢。之後，因不忍見佛滅度，遂自入火界定，先於佛入滅。

佛現金剛

佛將入涅槃，諸天人眾都前來供養，只有螺髻梵王沒有前往。大眾對於螺髻梵王這樣傲慢無禮的態度，非常不滿，便派諸咒仙前往螺髻梵王住所。他們到了之後，卻只見種種不淨充滿了護城河，結果反被這些穢物施法困住而咒術不靈；於是又派遣了無量金剛持咒而去，亦被穢物困住，仍沒有人能夠把螺髻梵王取出來。大眾已無計可施，如來為了降伏螺髻梵王的我慢心，就以大遍知的神力，隨其左心化身出穢跡金剛，便於眾前顯示大神通，騰身來到了螺髻梵王宮殿，才用手一指，在咒力的降伏下，所有的不淨立刻變為清淨大地，也解救了咒仙及金剛神。

金剛對螺髻梵王說：「你真是愚癡極了，如來將入涅槃，諸天神眾都去瞻仰，你為什麼不去呢？」螺髻梵王也在當下消除妄念、穢垢皆清淨，隨即發菩提心與穢跡金剛一同到佛涅槃處。

這時穢跡金剛對眾人說：「如果有世間眾生被惡魔外道所惱亂，只要誦持本咒，我自現身，令一切有情常得安樂。在佛滅度後，可受持此咒，發願度一切眾生，令佛法不滅，久住於世。即說大圓滿陀羅尼神咒：『**唵、咈咶、啒嘩、摩訶缽羅、恨那嘚、吻什吻、醯摩尼、微咭微、摩那棲、唵斫急那、嗚深暮、啒嘩、吽吽吽、泮泮泮、泮泮、娑訶。**』如果有眾生誦持此咒，永離苦難，所求如願，隨意滿足，獲大吉祥。」

◀佛將入滅，諸天人眾中，只有螺髻梵王未前往，如來為了降伏他的我慢心，化身穢跡金剛，不但救了咒仙及金剛神，也消除了螺髻梵王的妄念與穢垢。

佛現金剛

佛現金剛❶

穢跡金剛經❷云。爾時如來臨入涅槃。諸天人眾。皆來供養。唯有螺髻梵王❸。不來覲省。時諸大眾。惡其我慢。使諸咒仙。往彼令取。乃見種種不淨。而為城塹。犯咒而死。復策無量金剛。持咒而去。無人取得。大眾悲哀。爾時如來。即以大遍知神力。隨左心化出不壞金剛。即於眾前。顯大神通。即自騰身。至梵王所。指彼穢物。變為大地。金剛報言。汝大愚癡。我如來欲入涅槃。汝何不去耶。螺髻梵王。發心至如來所。時金剛復告眾言。若有世間眾生。被諸天惡魔外道所惱亂者。但誦我咒。令諸有情永離貧窮。常令安樂。於佛滅後。受持此咒。誓度群生。令佛法不滅。久住於世。即說大圓滿陀羅尼神咒。穢跡真言。唵。咈咶。啒嗶。摩訶鉢羅。恨那𡁠。吻什吻。醯摩尼。微咭微。摩那棲。唵斫急那。嗚深暮。啒嗶。吽吽吽。泮泮泮。泮泮。娑訶。若有眾生誦持此咒者。永離苦難。所求如願。隨意滿足。獲大吉祥。

原典註釋

①**金剛**：即穢跡金剛，又稱大權力士神王佛，乃是釋迦牟尼佛所化現之金剛明王，本體為化佛。在修持上，為密教本尊或護法，依漢傳密教、藏傳密教，各教派傳承不同，而有多種身形：二臂、六臂、八臂，及多種色。唐密中，穢跡金剛像上頂有釋迦牟尼佛。

②**穢跡金剛經**：全名《穢跡金剛說神通大滿陀羅尼法術靈要文經》一卷，唐阿質達霰譯。佛涅槃時，自左心以穢跡金剛化現，而說穢跡金剛大圓滿陀羅尼咒，退治一切天魔外道惱亂佛法，「是時如來愍諸大眾，即以大遍知神力，隨左心化出不壞金剛。即於眾中從座而起，白大眾言：我有大神咒能取彼梵王。作是語已即於大眾之中顯大神通。」又云：「時金剛即報言，若有世間眾生，被諸天惡魔一切外道所惱亂者，但誦我呪十萬遍，我自現身令一切有情隨意滿足，永離貧窮常令安樂。其呪如是，先發此大願，南無我本師釋迦牟尼佛，於如來滅後受持此呪，誓度群生，令佛法不滅久住於世。說是願已，即說大圓滿陀羅尼神呪穢跡真言曰。」

③**螺髻梵王**：乃因梵天王頂髻作螺形，故稱螺髻梵王。

如來懸記

世尊將涅槃時，告知阿難：

「在我涅槃之後，進入末法時期，將有惡徒之輩混入我佛門弟子。他們會共同集會，不學習戒定慧之法，而專門討論一些違背真理、不能增進善法、毫無意義的言論，他們貪圖衣食住用，以及種種利養，勾心鬥角，互相誹謗；特別是對於真正肯認真持戒的修行人，這些惡輩更是蓄意加以惡語毀辱，毀壞他人的道心。

「此時，天龍神眾見此情形，都將悲傷懊惱地遠離；大臣長者這些有名望地位的人，見到佛門弟子如此低劣，便對三寶不生淨信，充滿鄙視凌辱，由於這樣的因緣，將使正法快速滅亡。從此以後，我佛門出家弟子，將造惡轉深，在家居士對於三寶也漸漸不再恭敬了。

「但這時，佛法尚未全滅，仍有少數比丘少欲知足，護持禁戒，而修習定慧，好樂多聞；並受持如來三藏教法，廣為四眾分別演說，利益安樂無量的有情眾生。同時也有國王、大臣、長者、居士、善男信女等，愛惜正法，於三寶所，恭敬供養，尊重讚歎，護持佛法，對於世間諸法無所顧戀。

「你要知道，這些能在末法中真實弘揚者，都是不可思議的諸菩薩，他們以本願力生於此時，守護如來無上正法，為諸有情作大饒益。」

◀佛告訴阿難：「我涅槃後，末法將有惡徒之輩混入佛門，貪圖利養，互相誹謗；但仍有比丘少欲知足，護持禁戒，以本願力，為諸有情作大饒益。」

如來懸記

法住經[1]云。世尊臨般涅槃。告阿難言。我般涅槃。末法之時。我諸弟子。捨佛正教。多貪利養。習諸戲論。於我法中。不善修習身戒心慧。更相忿爭。謀奪誹謗。耽著妙好。種種衣服。房舍敷具。諸惡徒黨。共相集會。設有持戒。更相毀辱。於須臾頃。悉皆毀犯。以是因緣。天龍等眾。悲傷懊惱。皆悉遠離。大臣長者。於三寶所。不生淨信。淩辱輕毀。以是因緣。令正法滅。從是已後。諸比丘等。造惡轉深。大臣長者。益不恭敬三寶。余勢猶未全滅。故於彼時。復有苾芻。少欲知足。護持禁戒。修行靜慮。愛樂多聞。受持如來三藏教法。廣為四眾。分別演說。利益安樂。無量有情。復有國王大臣。長者居士。善男信女人等。愛惜正法。於三寶所。供養恭敬。尊重讚歎。護持建立。無所顧戀。當知皆是不可思議諸菩薩等。以本願力。生於此時。護持如來無上正法。與諸有情。作大饒益。

原典註釋

①**法住經**：全名《佛臨涅槃記法住經》一卷，唐玄奘譯。內容記載佛臨涅槃懸記滅後初百年乃至第十百年佛教興衰等事。《佛臨涅槃記法住經》：「我涅槃後第十百年，吾聖教中戲論堅固，我諸弟子多勤習學種種戲論……（略）當有如斯諸惡苾芻、苾芻尼等，不善修習身戒心慧，更相忿爭，謀毀誹謗，耽著妙好種種衣鉢、房舍、敷具，由與諸惡徒黨集會，雖經多年守護淨戒，於須臾頃悉皆毀犯，雖經多年集諸善本，由多憂恚悉皆退失。以是因緣，天龍等眾悲傷懊惱，捨不守護，國王大臣、長者居士於三寶所不生淨信，誹謗輕毀，由是因緣令正法滅。」又云：「三寶餘勢猶未全滅，故於彼時，復有苾芻、苾芻尼等，少欲知足護持禁戒，修行靜慮愛樂多聞，受持如來三藏教法，廣為四眾分別演說，利益安樂無量有情；復有國王大臣、長者及居士等，愛惜正法，於三寶所供養恭敬、尊重讚歎，護持建立無所顧戀。當知皆是不可思議諸菩薩等，以本願力生於此時，護持如來無上正法，與諸有情作大饒益。」

最後垂訓

世尊對眾比丘弟子說：「你們務必要記住，我所教授過的各種修行法門：所謂四念處、四正斷、四神足、四禪、五根、五力、七覺支、八聖道，我為你們作證明，我就是修持些法門而成正覺。而你們應當一同彼此恭敬、順從，不要生諍訟。同一師所傳授，皆同一水乳，於我法中，都應該勤於學習，在我所說的教法（十二分教），你們都應善於受持，隨事而修行。如來不久即將入涅槃，你們要各自珍重。」

比丘們聽佛所說，都充滿悲惱。佛勸慰他們說：「你們不必如此難過。天地之間萬物，一切生命，有出生必有死亡，這樣自然的規律是沒有人可以去改變的。我曾經說，世間恩愛是無常的，有相聚也必有分離，此身非已所有，生命也是不久存。而我現在已經老了，餘命無多，我所要做的事情，也都完成了。所以今捨壽而去，你們應自己攝念禪定，守護自己的心。如果能於我法中，辛勤修持，而無放逸者，必能斷除苦本，了脫生死。我今之所以如此告訴你們，因為天魔波旬曾多次請我速入涅槃，我雖然不答，但還是默許了。」

◀世尊臨終對眾比丘弟子開示：「你們務必依循我所教授過法門，這是我親自修證而成正覺。能於我法中，精勤修持無放逸，必能斷除苦本，了脫生死。」

最後垂訓

長阿含經[1]云。爾時世尊。告諸比丘。汝等當知。我以此法。自身作證。成等正覺。所謂四念處。四意斷。四神足。四禪。五根。五力。七覺意。八聖道。於此法中。和同敬順。勿生諍訟。同一師受。同一水乳。於我法中。宜勤受學。我已所說十二分教[2]。所謂契經。祇夜經。受記經。偈經。法句經。相應經。本緣經。本生經。方廣經。未曾有經。譬喻經。大教經。汝等當善受持。稱量分別。隨事修行。如來不久。是後三月。當般涅槃。比丘聞已。自投於地。佛言。汝等且止。勿懷憂惱。天地人物。無生不終。欲使有為不變易者。無有是處。我亦先說。恩愛無常。合會有離。身非己有。命不久存。吾年老矣。餘命無幾。所作已辦。今當捨壽。汝等比丘。自攝定意。守護其心。若於我法。無放逸者。能滅苦本。盡生老死。又告比丘。吾今所以誡汝者何。天魔波旬。向來請我速入涅槃。世尊不答。默然許之。

原典註釋

①**長阿含經**：共二十二卷，姚秦罽賓沙門佛陀耶舍共竺佛念譯。此經為北傳「四阿含」之一。因為所集各經的篇幅最長，所敘述事實又多涉及長遠的過去事，故稱《長阿含經》。在整部譯本前後，不斷有零本的翻譯，故現存異譯本，達十九種之多。其原始梵本已佚失，近代在中國新疆境內發現梵本斷片。漢譯本《長阿含經》如與南傳巴利經藏五部比對，則相當於《長部》。

②**十二分教**：是依文體與內容將佛典區分為十二種型式：即契經、祇夜、記別、諷頌、自說、因緣、譬喻、本事、本生、方廣、未曾有法、論議。有些依據經典表現形式，有些依據教說內容，有些是兩種混合。這是在經典結集過程中逐漸形成的，不同的部派有不同排序，有些部派只主張九分教。最原始是三分教，即契經、祇夜、記別，後來隨著經典匯集而有九分教，之後又擴充為十二分教。

荼毗法則

阿難知道佛不久即將入涅槃，已經無法挽留，只好請示佛：「世尊於涅槃之後，該用什麼方式來舉行荼毗儀式呢？」

佛說：「我入涅槃後，可依照轉輪聖王的葬禮儀式。在命終之後，先保留七日，再入金棺。接著上妙香油注滿棺中。在棺的四面，以七寶莊嚴，及幢幡香花供養。再經七日後，出金棺，以妙香水，灌洗沐浴如來身。以妙兜羅綿全身纏繞，以細軟白棉布纏在兜羅綿上。然後，再重新放入棺中。以香油盛滿棺中，封密閉棺。以牛頭旃檀、沉水等香木，裝成七寶車，眾寶莊嚴。乘載寶棺，到荼毗火化所，無數寶幢、寶幡、寶蓋、寶衣，一切香花、音樂，周遍圍繞供養。所有天人大眾，可以持旃檀香木，荼毗火化如來。火葬後，天人四眾，取舍利，盛入於七寶瓶中。在各地的四衢道中，建造七寶塔，每塔開四門，中央則安置舍利。讓一切天人共同瞻仰，如此，能為人天作福田，能令眾生得大功德，脫三界之苦，入正解脫。」

◀阿難請示如何舉行荼毗儀式，佛說：「依轉輪聖王儀式。並於火葬後，取舍利，盛入於七寶瓶中，建造七寶塔，一切天人共同瞻仰，令眾生得大功德。」

荼毗法則[1]

涅槃經後分云[2]。阿難白佛言。世尊涅槃。依何法則。荼毗如來。佛言。我入涅槃。如轉輪聖王。命終之後。經停七日。乃入金棺。即以上妙香油。注滿棺中。密蓋棺門。其棺四面。應以七寶。間雜莊嚴。一切幡幢。香花供養。經七日後。復出金棺。應以眾妙香水。灌洗沐浴如來之身。以上妙兜羅綿。遍體纏身。次以細軟白氎。復於綿上。纏如來身。乃入金棺。復以香油盛滿棺中。閉棺令密。乃以牛頭旃檀沉水。一切香木。成七寶車。一切眾寶。以為莊嚴。載以寶棺。至荼毗所。無數寶幢寶幡。無數寶蓋寶衣。一切香花。一切音樂。周遍圍繞。悲哀供養。一切天人大眾。應各以旃檀香木。荼毗如來。荼毗已訖。天人四眾。收取舍利。盛七寶瓶。於其地內。四衢道中。起七寶塔。塔開四門。安置舍利。一切天人。所共瞻仰。能為人天。而作福田。能令眾生。得大功德。脫三界苦。入正解脫。

《原典註釋》

①**荼毗**：也作「茶毗」，意為焚燒、火葬，原本指印度的一種葬法，在中國則指出家眾圓寂之後的火葬。

②**涅槃經後分**：又稱《大般涅槃經後分》、《後分涅槃經》、《後分涅槃》，唐若那跋陀羅譯。敘述佛入滅前後之事蹟，涅槃後佛現神變，及荼毗分舍利等。本經世稱為曇無讖譯大般涅槃經後分，為大乘之大般涅槃經後分。西藏藏經將本經附於《大般涅槃經》末，係自漢譯本中轉譯，分為四品半，即憍陳如品餘、遺教品、應盡還源品、機感荼毗品、聖軀廓潤品。

臨終遺教

世尊將入涅槃，此日中夜，四周一片寂然無聲，弟子們默默地立在佛的周圍，恭敬地聆聽世尊為弟子們臨終的遺教。

佛說：「比丘們，應當要敬重佛所制定的戒律，就如黑暗中能得到光明，如貧窮人能獲得財寶。應當知道以戒律為你們的老師。如同我住在世間一樣。凡是持淨戒的人，不可以作販賣貿易之事，也不可安置田產房宅，更不可以畜養人民、奴婢、畜生等，也不可以作一切種植。要遠離財寶，如避火坑一般，不能砍伐草木，不能墾土掘地，不能為人開立藥方。不能為人占相、算命、看風水、觀察星象，推斷別人吉凶禍福等事，不能習學外道咒術，修煉仙藥。不得參預世事，為他人通風報信，充當使者，不可巴結權貴，親近小人。這些都不是出家人所應該作的，如果有任何過失，則應當及時懺悔，不可隱瞞包藏。出家人生活要節儉樸實，過清淨的生活，應當自己端正心念，以求解脫生死輪迴。對於一切衣、食、住、用等供養，都要知量知足，如果有多餘的，則應該捨給他人，不該蓄積。

「以上這些只是大略說明持戒概要。你們要知道，戒律才是正順解脫的根本，因能夠持戒清淨，而生禪定及滅苦智慧。所以你們應嚴持淨戒，不要有毀缺。能持淨戒，則能成就善法，如果沒有淨戒，所有善功德皆不能生。而我即將滅度，這是我對你們最後的教誨。」

▶ 佛說臨終遺言：「比丘們應當要敬重佛所制定的戒律，以戒律為你們的老師。如同我住於世間一樣。戒律才是正順解脫的根本，這是我最後的教誨。」

臨終遺教

佛遺教經❶云。爾時世尊。將入涅槃。是時中夜。寂然無聲，為諸弟子。略說法要。汝等比丘。於我滅後。當尊重珍敬波羅提木叉。如暗遇明。貧人得寶。當知此則是汝大師。若我住世。無異此也。持淨戒者。不得販賣貿易。安置田宅。畜養人民。奴婢畜生。一切種植。及諸財寶。皆當遠離。如避火坑。不得斬伐草木。墾土掘地。合和湯藥。占相吉凶。仰觀星宿。推步盈虛。歷數算計。皆所不應。節身而食。清淨自活。不得參預世事。通致使命。咒術仙藥。結好貴人。親厚媟嫚。皆不應作。當自端心。正念求度。不得包藏瑕疵。顯異惑眾。於四供養。知量知足。趣得供事。不應蓄積。此則略說持戒之相。戒是正順解脫之本。故名波羅提木叉。依因此戒。得生諸禪定。及滅苦智慧。當持淨戒。勿令毀缺。能持淨戒。則有善法。若無淨戒。諸善功德。皆不能生。我欲滅度。是我最後之所教誨。

原典註釋

①**佛遺教經**：一卷，又稱《佛垂般涅槃略說教誡經》、《佛臨涅槃略誡經》、《遺教經》。後秦鳩摩羅什譯。本經內容敘述佛陀在拘尸那羅之娑羅雙樹間入滅前的最後垂教，謂佛入滅後，當以戒為本師，治五根，遠離貪、瞋恚、憍慢等，勸勉眾人不應放逸，精進於道業。禪門將此經與《四十二章經》、《溈山警策》合稱佛祖三經。

雙林入滅

二月十五日那天，佛在拘尸那伽城娑羅雙樹林中將入涅槃，四眾弟子、天龍八部四周圍繞。佛入禪定，並為諸弟子作開示、訓誨後，於七寶床上，右脅而臥，頭枕在北方，腳足指南方，面向西方，背靠東方。

這裡的娑羅樹林，共有四雙八棵樹，西方一對雙樹在如來前面，東方在如來背後，北方在如來頭部，南方在佛的足後。

到了中夜時，佛入於第四禪定中，大地一片寂然無聲之時，佛入於涅槃。佛入涅槃後，娑羅樹慘然變白，如同白鶴，枝葉、花果、皮幹，都爆裂落下，漸漸地枯萎。同時，十方佛土、世界大地，皆大震動。一切大海都變得渾濁，波濤湧沸，一切江河溪澗、川流泉源，水盡枯涸。大地虛空，變得寂然黑暗，日月無光。

忽然之間，狂風大作，吼聲四起，吹起塵沙，世界昏暗，草木都被摧折了，所有的天神遍滿虛空，哀號悲泣，震動了世界。

◀ 二月十五日，佛在拘尸那伽城娑羅雙樹林中，於七寶床上，安詳右脅而臥，到了中夜時，佛入於第四禪定中，大地一片寂然無聲，佛入於涅槃。

雙林入滅

涅槃經後分云。爾時佛在拘尸那伽城❶。娑羅雙樹林。與四眾天龍八部。前後圍繞。二月十五日。臨般涅槃。入諸禪定。示誨眾已。於七寶床。右肋而臥。頭枕北方。足指南方。面向西方。後背東方。娑羅樹林。四雙八隻。西方一雙。在如來前。東方一雙。在如來後。北方一雙。在如來頭。南方一雙。在佛之足。至於中夜。入第四禪。寂然無聲。於是時頃。便般涅槃。入涅槃已。其娑羅林。東西二雙。合為一樹。南北二雙。合為一樹。垂覆寶床。蓋於如來。其樹即時慘然變白。猶如白鶴。枝葉華果皮幹。悉皆爆裂墮落。漸漸枯悴。爾時普佛世界。一切大地。皆大震動。一切大海。皆悉混濁。沸湧濤波。一切江河溪澗。川流泉源。水盡枯涸。大地虛空。寂然大暗。日月精光。悉無復照。忽然黑風鼓怒驚振。吹扇塵沙。彌暗世界。卉木藥草。悉皆摧折。一切諸天遍滿虛空哀號悲泣。震動世界。

原典註釋

①**拘尸那迦城**：又稱拘舍婆提、拘尸那羅、拘尸那揭羅，意譯上茅城、香茅城、草城，即意為吉祥草之都城，為末羅國的一城市，位於今印度北方。

為什麼佛陀選擇這個地方涅槃呢？在《中阿含經．大善見王經》中，阿難很失望佛陀竟然選取了這樣一個荒蕪又不重要的小城市，作為入涅槃的地方。阿難問佛，為何不選擇舍衛城等諸大城市涅槃呢？佛陀告訴他，不要以為此土鄙陋，此城是往昔大善見王的都城，然後一一細說，這個城市的種種殊勝之處，「阿難！拘尸城中有王，名大善見，為轉輪王，聰明智慧，有四種軍整御天下，由己自在，如法法王成就七寶，得人四種如意之德。」佛陀最後點名大善見王就是他自己的前生。此處在西元五世紀時，東晉法顯遊歷至此時，人已甚稀少，大部分寺院亦已毀圮，《佛國記》：「城中人民亦稀曠，只有眾僧民戶。」至唐玄奘遊此城時，形容此處頹毀蕭條，《大唐西域記》：「拘尸那揭羅國城郭頹廢，邑里蕭條，故城磚基，周十餘里。居人稀曠，閭巷荒蕪。」至今此處所保留的古蹟，有大涅槃寺的臥佛殿。

金剛哀戀

世尊入涅槃時，密跡金剛力士見佛滅度，悲惱垂淚說：「如來已經捨我，而入於寂滅，從此以後，我們無可歸依，也沒有了守護。哀惱的災患瞬間頓集，憂愁的毒箭也深入我心。這金剛寶杵，從此還要保護誰呢？不如就丟了吧。從今以後，我還能奉侍誰呢？誰又能慈憫訓誨我？何時還能再目睹如來的尊顏呢？」

金剛力士說著說著，卻越說越傷心，越加悲痛，而無法制止。天帝釋勸慰金剛力士說：「你如此思念如來，何不想想如來的教導，佛常說任何事物都不可能長久存在，一切都在不斷的變化，所以不能被這表面所蒙蔽，而認為他們是實在的東西，這一切都是眾緣和合而有，也終歸散滅，有合也必有離，有生必有死。

「這一切現象，就像在水面上作畫，瞬間而滅，又好像水上的泡沫，草上的露珠，都無法永久停留下來。如海市蜃樓的城，暫時為眼睛所見，但並非真實存在。人生在世，也只有數十年光陰，快速如射箭飛逝。

「我們應當醒悟，一切無常的壞滅。況且佛已經示現於此世間，本願為了度生，如果度眾之事尚未圓滿，自然是不會入滅的，如今度眾之事都已經完成，乃入涅槃，並將佛法付囑天人等。所以我們當依佛的教誡，勤修正法，斷盡所有的苦本，從此更不受生輪迴，你就別再大憂惱了。」

◀密跡金剛力士見佛滅度，悲惱無法抑制。天帝釋勸慰：「佛常說任何事物都是眾緣和合而有，終歸散滅。當依佛的教誡，勤修正法，斷盡輪迴苦本。」

金剛哀戀

金剛力士哀戀經[1]云。爾時世尊。初入涅槃時。密跡金剛力士。見佛滅度。悲哀懊惱。作如是言。如來捨我。入於寂滅。我從今日。無歸無依。無覆無護。衰惱災患。一旦頓集。憂愁毒箭。深入我心。此金剛杵。當用護誰。即便棄擲。自今已往。當奉侍誰。誰當慈愍。訓誨於我。更於何時。得睹尊顏。說種種言。戀慕如來。時天帝釋。語力士言。汝今何不憶念世尊少語。佛言諸行無常。無得住者。不可體信。是變易法。一切聚集。皆歸散滅。高者必墮。合會必離。有生必死。一切諸行。猶如河岸。臨峻之樹。亦如畫水。尋畫尋滅。亦如水泡。如草頭露。不得久停。如乾闥婆城。暫為眼對。人命迅速。疾如射箭。速行天下。疾如日月。人命速疾。過於是天。無常敗壞。應當解知。若於佛事。有不足者。不入涅槃。佛事周訖。乃入涅槃。以此佛法。付囑天人。諸有苦盡。更不受生。汝等不應生大憂惱。

原典註釋

①**金剛力士哀戀經**：一卷，全稱《佛入涅槃密跡金剛力士哀戀經》，又稱《密跡金剛力士哀戀經》、《佛入涅槃哀戀經》、《力士哀戀經》，為前秦（西元三五一至四三一年）年間所譯，失譯人名。內容敘述佛將入涅槃，金剛力士見佛滅度，而悲哀欲絕，並讚歎如來，猶如生死大海中大船師，卻將捨眾生等而入滅，金剛力士哀戀不息，以至昏厥，時大地震動，山崩星落，後由帝釋慰止，令其思維佛宣說諸行無常之理。

佛母得夢

佛母摩訶摩耶在天上，突然有天人五種衰相出現：一是頭上的鮮花漸漸枯萎；二是腋下冒出汗；二是頭頂的光隱滅昏暗了；四是雙眼不斷地跳動；五是坐不安寧。

而又在同一天夜裡，她也連得五種惡夢：一是夢見須彌山崩倒，四大海水乾涸。二是夢中有許多羅剎執利刃挑眾生之眼，黑風吹諸羅剎，全部歸於雪山；三是夢見欲界和色界的諸天，忽然失去了寶冠，斷絕瓔珞，不安於本座，身上失去光明，猶如黑炭依樣。四是夢見如意珠王在高幢上，一直雨下珍寶，周濟一切的眾生，忽然有四隻毒龍，口中吐火，吹倒了高幢，把如意珠王吸走了。同時，猛疾惡風颷起，隱入深淵。五是夢見五獅子從空墜下，咬摩耶之乳，入於左脅，使她身心疼痛，就如同被刀劍所傷。

摩訶摩耶夢到這些情形，從夢中驚醒。她心中想道：「我剛才在睡夢中見到這許多不吉祥的事。使我感到極為愁苦，難道是我子釋迦將入於涅槃了嗎？要不然，怎會有這些種種可怕的惡夢出現呢？天明我將告訴諸天子們夢中所見之事。」

◀佛母連得五種惡夢，心想：「難道是我子釋迦將入於涅槃了呢？要不然，怎會有這些種種可怕的惡夢出現呢？」隔日便告訴諸天子們夢中所見。

佛母得夢

摩訶摩耶經云。爾時佛母摩訶摩耶。即於天上。見五衰相現。❶一者頭上花萎。二者腋下汗出。三者頂中光滅。四者兩目數瞬。五者不樂本座。又於其夜。得五種惡夢。一夢須彌山崩。四海水竭。二夢有諸羅刹手執利刀。競挑一切眾生之眼。時有黑風。吹諸羅刹。皆悉奔馳。歸於雪山。三夢欲色界諸天。忽失寶冠。自絕瓔珞。不安本座。身無光明。猶如聚墨。四夢如意珠王。在高幢上。恒雨珍寶。周給一切。有四毒龍。口中吐火。吹倒彼幢。吸如意珠。猛疾惡風。吹沒深淵。五夢有五師子。從空下來。齧摩耶乳。入於左脇。身心疼痛。如被刀劍。時摩訶摩耶。見此夢已。即便驚寤。而作是言。我於向者。眠寢之中。忽然見此。不吉祥事。令我身心極為愁苦。今此五種惡夢。甚可怖畏。必是我子釋迦如來。入般涅槃之惡相也。即便向餘諸天子等。廣說夢中所見之事。

原典註釋》

①**五衰相**：是指天人在於壽命將盡時，所呈現的五種現象。通常分大小二種。天人大五衰相顯現時，表示天人將死亡；天人小五衰相雖然顯現，但如遇到殊勝之善根，仍有轉機。

天人大五衰相：一、衣服垢穢，福盡壽終之時，自生垢穢。二、頭上華萎，福盡壽終之時，頭上冠華，自然萎悴。三、腋下汗流，福盡壽終之時，兩腋自然流汗。四、身體臭穢，福盡壽終之時，忽生臭穢。五、不樂本座，福盡壽終之時，自然厭居本座。

天人小五衰相為：一、樂聲不起，衰相現時，其聲自然不起。二、身光忽滅，衰相現時，其光不現。三、浴水著身，衰相現時，浴水霑身，停住不乾。四、著境不捨，衰相現時，取著不捨。五、眼目數瞬，衰相現時，其目數瞬。

昇天報母

阿那律尊者昇天上，向摩訶摩耶傳偈語：「世尊最勝天中天，善導一切世間者，今已為彼無常海，摩竭大魚之所吞。在拘尸那竭國，娑羅林中雙樹間，入於寂滅大涅槃。不久當出城東門，有種種供養，天人八部眾盈滿，悲泣震動徹三千大千世界。」

摩訶摩耶聽到阿那律尊者的偈言，得知世尊果真入於涅槃了。她悶絕良久才醒來，傷心而說：「我於昨夜所見的五種惡夢，就預感到佛必定是入涅槃，今天阿那律報來佛已滅度的消息。多麼的痛苦啊！世間法眼這麼快就熄滅了，或許是人天福報也都盡了，不然，佛怎會入涅槃呢？無常這般惡賊，是這樣的凶暴，竟忍心奪害我正覺之子！」

摩訶摩耶又對眾人說此偈語：

於無量劫來，常共為母子，汝既成正覺，此緣方已斷。
而復於今者，便入般涅槃，譬如高木樹，眾鳥共依棲。
晨旦各分離，到暮還歸集，與汝為母子，共在生死樹。
既得成道果，長絕此源本，又復取滅度，無有會見時。

摩訶摩耶說完此偈時，悲傷懊惱而泣不成聲，不能自勝。

◀阿那律尊者昇天，向佛母摩訶摩耶告知，佛入涅槃。佛母對眾人說偈：「於無量劫來，常共為母子，汝既成正覺，此緣方已斷。」悲傷懊惱而泣不成聲。

昇天報母

昇天報母

摩訶摩耶經[1]云。尊者阿那律。升於天上。往摩訶摩耶所。而說偈言。大師最勝天中天。善導一切世間者。今已為彼無常海。摩竭大魚之所吞。在於拘尸那竭國。娑羅林中雙樹間。不久當出城東門。種種供養而闍維。天人八部眾盈溢。號哭震動徹三千。摩訶摩耶聞此偈已。悶絕躃地。良久乃蘇。而作是言。我於昨夜得五惡夢。決定當知佛入涅槃。今者果見阿那律來。云已滅度。何其苦哉。世間眼滅。何其疾哉。人天福盡。如何一旦便入涅槃。無常惡賊。極為凶暴。忍能害我正覺之子。即於眾中。而說偈言。於無量劫來。常共為母子。汝既成正覺。此緣方已斷。而復於今者。便入般涅槃。譬如高大樹。眾鳥依共棲。晨旦各分離。到暮還歸集。與汝為母子。共在生死樹。既得成道果。長絕此源本。又復取滅度。無有會見時。摩訶摩耶說此偈已。涕泣懊惱。不能自勝。

原典註釋

①**摩訶摩耶經**：又稱《佛昇忉利天為母說法經》、《佛臨涅槃母子相見經》，簡稱《摩耶經》。蕭齊曇景譯。上卷敘述佛上昇忉利天為生母說法，令其證得初果。佛又明生死之根本在於三毒。三月安居後，又為天人等說咒。之後，佛下三道寶階回到精舍，受到波斯匿王等迎接。下卷記述佛遊化諸國，後於拘尸那揭羅之娑羅雙樹間入涅槃，摩訶摩耶感得五衰五惡之夢，遂由天而降下至佛所，悲號慟哭，時佛以神力開啟金棺與之訣別，並說法以彰孝道。

佛母散華

摩訶摩耶與諸天女，眷屬圍繞，自空而下，來到了如來的棺前，泣淚悲傷地說：「從過去無量劫以來，我與佛共為母子，也未曾捨離。而今佛入於滅度，今後，再也沒有相見之日了，可憐的眾生福報已盡，從此又有誰能開導教化，喚醒這些迷夢的眾生呢？」

隨即以曼陀羅花、摩訶曼陀羅花、曼殊沙花、摩訶曼殊沙花等種種香花，散於棺上，而說偈道：

今此雙樹間，天龍八部眾。唯聞啼哭音，不知何所說。
無能解其語，充塞在於地。與汝為母子，曠劫積恩愛，
今者無常風，吹散各異處。在苦諸眾生，希望法甘露，
何故便於今，而速入涅槃。潛身重棺中，知我來此否。

摩訶摩耶說此偈時，已見如來的法衣、石缽、錫杖在旁，於是右手拿起，左手拍著自己的頭，身體投地，如大山崩塌，悲泣痛絕地說：「過去我子如來，身著此法衣，手執缽與錫杖，廣利世間與天人，而今這些物品已經沒有了主人，多麼苦啊！」

這時諸天龍八部以及四眾，見佛母摩訶摩耶這般傷心，更為悲傷，淚如雨下。

◀佛母摩訶摩耶與諸天女自空而下，來到如來棺前，散曼陀羅花，悲泣地說：「我子如來，身著此法衣，手執缽與錫杖，廣利眾生，而今物品已無主！」

佛母散華

摩耶經云。爾時摩訶摩耶。與諸天女。眷屬圍繞。從空而下。前至棺所。垂淚悲惱。而作是言。共於過去無量劫來。長為母子。木曾捨離。一旦於今。無相見期。嗚呼哀哉。眾生福盡。方當昏迷。誰為開導。即以天曼陀羅花。摩訶曼陀羅花。曼殊沙花。摩訶曼殊沙花[1]。用散棺上。而說偈言。今此雙樹間。天龍八部眾。唯聞啼哭音。不知何所說。無能解其語。充塞在於地。與汝為母子。曠劫積恩愛。今者無常風。吹散各異處。在苦諸眾生。希望法甘露。何故便於今。而速入涅槃。潛身重棺中。知我來此否。說此偈已。顧見如來僧伽梨衣。及以缽盂錫杖。右手執之。左手拍頭。舉身投地。如大山崩。悲號痛絕。而作是言。我子昔日。執著此等。廣福世間。利益天人。今此諸物。空無有主。嗚呼苦哉。痛不可言。時諸天龍八部。及以四眾。見佛母摩訶摩耶。憂惱如是。倍更悲感。淚下如雨。

原典註釋

①**四華**：華同花，此生於天界之四種華，顯示瑞兆之花。《法華文句》指：一、曼陀羅花，梵語曼陀羅，花言適意，又云白花。二、摩訶曼陀羅花，梵語摩訶，花言大，即大適意，亦云大白花。三、曼殊沙花，梵語曼殊沙，花言柔軟，又云赤花。四、摩訶曼殊沙花，梵語摩訶曼殊沙，花言大柔軟，亦云大赤花。此四花為法華六瑞相中之第三相，在佛入定時，會自天上落下，故稱四種天花。

佛從棺起

世尊以神力，讓棺蓋自動移開。祂從棺中合掌坐起，如獅子王出現在洞窟般那種奮迅之勢。佛的全身每一毛孔中，都放出百千光明，一一光明皆有千尊化佛，都向摩訶摩耶合掌問訊，並以柔軟的聲音對母親說：「有勞母親遠從天上來此，這世間一切無常現象母親應該是明白的，所以願母親別再如此傷心哭泣了。請聽我為母親所說偈語：

一切福田中，佛福田為最，一切諸女中，玉女寶為最。
今我所生母，超勝無倫比，能生於三世，佛法僧之寶。
故我從棺起，合掌歡喜贊，用報所生恩，示我孝戀情。
諸佛雖滅度，法僧寶常住，願母莫憂愁，諦觀無常行。」

摩訶摩耶聞佛所說偈語，心中稍得慰藉，容顏有了些悅色，如蓮花初綻般。這時世尊又說一偈：

我生分已盡，梵行久已立，所作皆已辦，不受於後有。願母自安慰，不須苦憂惱，一切行無常，信是生滅法。生滅既滅已，寂滅為最樂。

世尊說完此偈後，即便入棺裡，棺蓋也自然閉上。三千大千世界都為此震動，摩訶摩耶在繞棺後，便回到了天上。

◀佛以神力移動棺蓋，合掌坐起為母說偈：「今我所生母，超勝無倫比，能生於三世，佛法僧之寶。故我從棺起，合掌歡喜贊，用報所生恩，示我孝戀情。」

佛從棺起

佛從棺起❶

摩耶經云。爾時世尊。以神力故。令其棺蓋。皆自開發。便從棺中。合掌而起。如師子王。初出窟時。奮迅之勢。身毛孔中。放千光明。一一光明。有千化佛。悉皆合掌。向摩訶摩耶。以梵軟音。問訊母言。遠屈來下此閻浮提。諸行法爾。願勿啼泣。即便為母而說偈言。一切福田中。佛福田為最。一切諸女中。玉女寶為最。今我所生母。超勝無倫比。能生於三世。佛法僧之寶。故我從棺起。合掌歡喜歎。用報所生恩。示我孝戀情。諸佛雖滅度。法僧寶常住。願母莫憂愁。諦觀無常行。時摩訶摩耶。聞此偈已。小自安慰。顏色暫悅。如蓮花敷。爾時世尊。與母辭別。而說偈言。我生分已盡。梵行久已立。所作皆已辦。不受於後有。願母自安慰。不須苦憂惱。一切行無常。信是生滅法。生滅既滅已。寂滅為最樂。世尊說此語已。即便闔棺。三千大千世界。普皆震動。摩耶繞棺。還歸天上。

原典註釋

①**佛從棺起**：據《摩訶摩耶經》載，阿難見佛陀從棺起，又聞佛為母說偈開導，不禁垂淚嗚咽，但仍強忍悲傷問佛陀：「世尊！後世人必當問我，如來即將滅度時，最後有何言說？我該如何回答呢？」佛告阿難：「你當回答：『世尊已入般涅槃，因為摩耶夫人從天來下至金棺所，如來為了教化後世不孝眾生，而從金棺出，向慈母摩耶夫人合掌問訊，並為她說法。』」

阿難又言：「當何名此經？云何奉持？」佛告阿難：「我於昔日忉利天上為母說法，及摩訶摩耶夫人自有所說，今復在此母子相見。汝可為後世諸眾生輩，次第演說此經，名曰《摩訶摩耶經》，亦名《佛昇忉利天為母說法經》，又名《佛臨涅槃母子相見經》，如是奉持。」

金棺自舉

拘尸城人民，為佛製作了金棺，並以七寶莊嚴，香花幡蓋，一路來到佛所，以最深切的敬心，扶如來金身於金棺中。但他們只是為了貪圖一些福報，希望能藉此獲得殊勝的功德，因此，不願讓天人及一切大眾同舉佛棺。於是派遣了四位勇壯大力士，想把如來金棺抬入城中自行來供養。

可是當這四位大力士用盡氣力，卻完全無法移動，於是他們又增派了八位大力士，乃至增加到十六位力士，也都無法移動一分一毫。阿尼樓豆（即阿那律）便對他們說：「縱使你們讓城內所有人民一起來舉如來的聖棺入城，也是無法移動的，何況你們這些人。」

這時，世尊為了使世間人人可以平等獲福，便於娑羅林中，使金棺自己舉了起來，並升入虛空中，約有七棵多羅樹之高，徐徐飛空，從拘尸城四門出入，經過了七遍。

如來金棺入城時，所有大眾都悲泣哽咽，各各都持微妙香花來供養。四天王及一切諸天眾，也都各持著天上的寶香供養。寶棺漸漸飛行到荼毗火化處，才徐徐而下，放置於七寶床上，又經過了七日，讓一切大眾都前來頂禮供養，悲泣之聲，震動世界。

▲十六位力士，無法移動佛的金棺。佛為使眾生可平等供養而獲福，便於林中使金棺自舉而起，升入虛空中，飛行到荼毗火化處，徐徐而下，置七寶床上。

金棺自舉

金棺自舉

涅槃經後分云。爾時拘尸城內人民。即作金棺。七寶莊嚴。香花旛蓋將至佛所。深重敬心。扶於如來入金棺中。貪福心故。總欲攝取如來功德。不令天人。一切大眾同舉佛棺。遣四力士。壯大無雙。舉請聖棺。欲入城中。自伸供養。盡其神力。不能令動。復遣八大力士。至十六力士。皆不能動。爾時樓豆語言。縱使盡其城內人民。舉如來棺。欲入城內。亦不能得。何況汝等。而能移動如來棺耶。時世尊大悲普覆。令諸世間得平等福。於娑羅林。即自舉棺。升虛空中。高七多羅樹。徐徐乘空。從拘尸城四門。輾轉出入。經於七匝。如來寶棺。當入城時。一切大眾。悲號哽咽。各持微妙香花供養。時四天王。及諸天眾。各持天上寶香。悲哀供養。大聖寶棺。漸漸空行。至荼毗所[1]。徐徐而下。安七寶床。復經七日。一切大眾。頂禮供養。悲號之聲。震動世界。

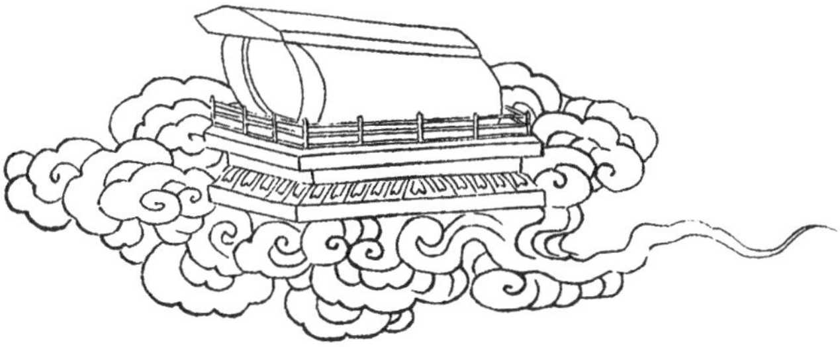

原典註釋

①**荼毗所**：位在大涅槃寺東方約一點五公里處，有一座荼毗塔，又稱安加羅塔（Angara Chaitya），當地人稱為蘭巴爾（Rambhar）。建塔時間已不可考，為佛陀入滅後，火化的地方，基壇的直徑約四十六公尺，高度大約十五公尺，長滿了雜草樹木。原塔中物品已被掘盜一空。《大唐西域記》：「城北渡河三百餘步，有窣堵波，是如來焚身之處。地今黃黑，土雜灰炭，至誠求請，或得舍利。」

佛現雙足

世尊還回到金棺中，寂然無聲。眾天神及四眾弟子們圍在金棺前，燒香散花供養。如來的大弟子大迦葉則是帶領了五百弟子，日夜兼程地從摩伽提國趕回來，當他得知佛已經在當天涅槃的消息，悲傷而涕，不能自已。

世尊以天耳知道弟子大迦葉回來了，便從金棺裡伸出了雙腳。大迦葉見世尊雙腳，便走上前以雙手撫摸，啼泣不能自勝。隨後，大迦葉勉強抑制了內心的悲痛，而念誦著：

一切行無常，生者必有死，無生亦無死，此滅為最樂。
佛所教化人，所度已周遍，我行道迥絕，深恨不見佛。
法界悉皆空，色身亦當爾。無有老病死，無為無所生。
住壽百恒沙，亦當歸滅度。況我天尊師，處此穢汙世。

說完之後，迦葉和五百弟子恭敬地繞著金棺，走七圈，然後站立一旁。

阿難扶著金棺的西北角，難陀扶著金棺的東北角，各位天神則在後方，一起抬著金棺，在距離娑羅雙樹林約四十九步的地方，安置好金棺。

各天神，用牛頭旃檀香堆在金棺之上，眾梵天王與釋提桓等，帶領著諸位天人，在虛空散花來供養如來。見到這樣的情景，大迦葉與其他弟子們再也抑止不住悲傷，渾身顫抖。他們感到迷茫而不知所措，於是放聲而哭。

▶大迦葉帶領五百弟子從摩伽提國趕回來，世尊知道弟子大迦葉回來，便從金棺裡伸出了雙腳。大迦葉見世尊雙腳，便上前以雙手撫摸，啼泣不能自勝。

佛現雙足

處胎經[1]云。爾時世尊。還攝威神。在金棺裡。寂然無聲。諸天燒香。散華供養。大迦葉從摩伽提國。將五百弟子。來至佛所。聞佛今日滅度。悲啼號泣。不能自勝。世尊以天耳聞迦葉來至。即從棺裡雙出兩足。迦葉見之。手捉摩捫。啼泣不能自勝。迦葉而說頌曰。一切行無常。生者必有死。無生亦無死。此滅為最樂。佛所教化人。所度已周遍。我行道逈絕。深恨不見佛。法界悉皆空。色身亦當爾。無有老病死。無為無所生。住壽百恒沙。亦當歸滅度。況我天尊師。處世著穢污。時迦葉及五百弟子。皆遶金棺七匝。在一面立。阿難捉棺西北角。難陀捉棺東北角。諸天在後共舉金棺。去雙樹四十九步。安厝金棺。諸天人民。以牛頭旃檀香。積金棺上。諸梵天王。釋提桓因。將諸天眾。在虛空中。散華供養。爾時大迦葉。諸大弟子。其身顫掉。不能自持。心濁迷悶。發聲大哭。

原典註釋

①**處胎經**：又稱《菩薩從兜術天降神母胎說廣普經》、《菩薩處胎經》、《胎經》。後秦竺佛念譯。經文首先敘述佛為阿難，以神通顯現處於母胎中的相狀，使其知胎中一如天宮，菩薩之身，不蒙微塵，此時十方諸菩薩皆來集會，自胎宮中，從佛而聞法。之後，為胎中說法，弘揚空義思想。又提及佛將本經付囑彌勒，並記載八大國王、諸天等，分配舍利及建塔之事，又註記以大迦葉為上首，結集佛法。

凡火不然

所有的天神及大眾，一起抬起了佛的寶棺，將它放在妙香上，拘尸城的四位大力士，以瓔珞包裹著身體，手拿著火炬，如車輪般大的火炬，火焰熊熊燃燒，照遍了四方。四位大力士想用火炬點燃焚燒，但火炬靠近香樓時，火卻熄滅了。

大迦葉對這四位大力士說：「如來的寶棺，就算是將三界的所有火炬都聚集在一起，也無法燒毀，又何況你們的火炬呢？」

接著，又來了八位大力士，他們一樣拿著火炬，投向寶棺，火也一樣都熄滅了。城中相繼來了十六、三十位等極大力士，他們都輪番拿著火炬點香樓，但火也都熄滅了。後來，海神也都拿著海中的大火炬，以無數的大光焰，也依然是無法點燃。所有的火炬都熄滅了。

大迦葉再次向大家說：「你們即使用盡天上與人間所有火炬來點，也是點不燃的，你們就別再勞神費力了，這不是你們能力所及的。」城中大眾聽迦葉這麼說，更感悲傷，淚流滿面，都拿著香花供養，並向如來頂禮，繞著金棺走著，悲傷無法停止，哭號震天動地，有些人則昏倒在地。

◀大力士與海神，輪番拿著火炬要點燃香樓的佛棺，但都熄滅了，大迦葉向大眾說：「即使用盡天上與人間所有火炬來點，也是點不燃的。」

凡火不然

凡火不然❶

涅槃經後分云。爾時一切天人大眾。共舉如來大聖寶棺。置於香樓之上。同時號哭。爾時拘尸城內。有四力士。瓔珞嚴身。持七寶炬。大如車輪。爛光普照。以焚香樓。荼毗如來。炬投香樓。自然殄滅。迦葉告言。大聖寶棺。三界之炬所不能燒。何況汝力而能焚耶。城內復有八大力士。更持七寶火炬。光焰一切。將投棺所。亦皆殄滅。城內復有十六極大力士。各持七寶大炬。來投香樓。亦悉殄滅。城內復有三十六極大力士。各持七寶大炬。來投香樓。亦皆殄滅。爾時一切海神。持海中火七寶大炬。無數光焰。投香樓內。亦皆殄滅。爾時迦葉。告諸力士。一切大眾。汝等當知。縱使一切天人所有炬火。不能荼毗如來寶棺。汝等不煩勞苦。強欲作為。爾時城內。士女天人大眾。復重悲哀。各以所持香華號泣供養。一時禮拜右遶七匝。悲號大哭。聲震大千。昏迷躃地。

《原典註釋》

①**凡火不然**：佛陀火化時，點火而無法燃燒，又說是為了等大迦葉歸來，《四分律》卷五十四記載，這時大迦葉等五百人即時趕到了拘尸城，出城渡河，前往天觀寺。一行人來到現場，便對阿難說：「我們要見世尊遺容。」阿難說：「世尊遺體雖然尚未火化，但你們要見遺容有些困難，因為佛的遺體已用乾淨布裹住，以棉毛纏繞。棺內已盛滿香油。棺底下置放木槨，積聚眾多薪材，正要準備火化燃燒。」

大迦葉只好慢慢走向佛的棺前，沒想到棺槨卻自行打開，露出世尊雙足。大迦葉見世尊足下垢污，便責問阿難：「這是誰弄髒世尊足下輪相？」阿難說：「因為女子上前禮佛時，哭泣淚水滴於足上，她們以不乾淨手，弄髒世尊雙足。」

大迦葉聽後，未表示什麼，隨即頂禮世尊雙足。其他弟子眾等也一起頂禮佛足。就在此時，世尊雙足竟然收回棺中，大迦葉哀悼世尊說偈，遶棺木七圈，原本點不燃的火，竟不燒自燃。

聖火自焚

佛以慈悲救苦的心力，自胸中湧出聖火，這火燃燒了金棺，而且越燒越旺，如來以自己內在的火，熊熊燃燒金棺。

這聖火經過七日七夜，才燒完了妙香樓，火勢也才漸漸熄滅。四大天王各自心想：「我該用自己的香水把火澆熄，以便收取舍利，留存在天上供養。」於是他們拿出七寶瓶，將瓶中盛滿的香水，同時潑向火焰。然而，當香水潑到火焰中，那些聖火不但沒有熄滅，火光反而越加旺盛。

海神娑伽羅龍王以及江神、河神等，見聖火未滅，心想：「我該用自己的水把火澆熄，以便收取舍利，放在自己的住處供養。」於是他們也紛紛拿著盛滿香水的寶瓶，傾倒在聖火上。只是香水倒完後，火勢依然不滅。

阿尼樓豆（即阿那律）便對四大天王說：「你們如此貪心，如果你們全部獨收舍利到天宮供養，那麼住在地上的人們，要如何到天宮去供養如來呢？」他也一樣對海神說：「你們住在大海中，如果你們也獨自將如來舍利取走，這樣住在地上的人們，要怎麼到大海中去供養如來呢？」

聽了阿尼樓豆的這番話，四大天王、海神娑伽羅龍王以及江河神等，都感到懺悔不已，於是各自回到了天宮與海宮。

◀佛以慈悲救苦的心力，從胸中湧出聖火而自燃。樓豆便對四大天王與海神說，如來舍利非能獨自取走，住在地上的人們也要一同供養如來舍利。

聖火自焚

聖火自焚❶

涅槃經後分云。爾時如來。以大悲力。從心胸中。火踊棺外。漸漸荼毗。經於七日。焚妙香樓。爾乃方盡。爾時四天王。各作是念。我以香水。注火令滅。急收舍利。天上供養。作是念已。即持七寶瓶。盛滿香水。同時而下。至荼毗所。時四天王。瀉金瓶香水。一時注火。注已。火勢轉高。都無滅也。爾時海神。娑伽羅龍王。及江神河神。見火不滅。各作是念。我取香水。注火令滅。急收舍利。住處供養。作是念已。各持寶瓶。盛滿香水。至荼毗所。一時注火。注已。火勢如故。都亦不滅。時樓豆語四天王言。汝大貪心。汝居天上。汝若獨取舍利。上於天宮。地居之人。如何得往。而供養耶。復語海神。汝在大海江河。如來舍利。汝若獨取。地居之人。如何得往。而供養耶。爾時四天王。即皆懺悔已。各還天宮。爾時大海。娑伽羅龍王。及江神河神等。皆亦懺悔。誠如聖言。悔已。各還本宮。

原典註釋

①**聖火自焚**：佛陀最後是以自己的三昧火自燃，《傳法正宗記》載，待迦葉至，見金棺內三昧真火燔然而焚，舍利光燭天地。《四教義》卷七：「於拘尸那城沙羅雙樹間。逆順出入，超越三昧。於第四禪中，入火光三昧。燒身滅度，唯留舍利，為人天福田。」

諸羅漢入滅時，也多入此火三昧，灰燼其身。尊者大目犍連就是以此火光三昧入滅，《增一阿含經》：「是時，尊者大目犍連還下就座，結跏趺坐，正身正意，繫念在前，復入初禪；從初禪起，入第二禪；從第二禪起，入第三禪；從第三禪起，入第四禪；從第四禪起，入空處；從空處起，入識處；從識處起，入不用處，從不用處起，入有想無想處；從有想無想處起，入火光三昧；從火光三昧起，入水光三昧；從水光三昧起，入滅盡定；從滅盡定起，還入水光、火光、有想無想處、不用處、識處、空處、四禪、三禪、二禪、初禪。復從初禪起，入第二禪；從第二禪起，入第三禪；從第三禪起，入第四禪；從第四禪起，尋時取滅度。爾時，大目犍連已取滅度。」

應盡還源

世尊涅槃前，對弟子們說：「我的涅槃時刻已到，現在我全身非常疼痛。」說完之後，就進入了初禪階段；又從初禪進入二禪；從二禪進入三禪；從三禪進入四禪；從四禪進入虛空處；從虛空處進入無邊識處；從無邊識處進入無所有處；從無所有處進入非想非非想處，在世間禪定的最高境界後，進入了滅盡處；之後，祂從滅盡處出定，回入非想非非想處，就這樣逆向回入，一直回到初禪。

世尊順逆出入了諸禪定後，體悟到不同階段禪定的不同境界，便對弟子們說：「我以佛眼，遍觀了三界六道，天地之間一眾生，無論是有感情的眾生，還是無感情的山川草木等，最終都是歸向寂滅，化為虛空。世間一切諸法，如果所追求的無法使眾生脫離苦海，即使這法再怎麼發展與壯大，也都只是枝葉，無法成為根本之法，眾生依靠它並無法修成正果，也無法擺脫種種憂愁煩惱，而脫離苦海。我所修持的佛法則不然，我以自身的修煉，一直到修成佛果，是親自體證的，佛法能幫助一切眾生，擺脫根本憂愁和煩惱，脫離輪迴苦海，進入永恒的寂滅境界中，所以稱大涅槃。」

◀世尊涅槃前，順逆出入諸禪定，觀察有情無情終歸滅，唯獨佛法是根本之法，為如來所親證，能利益一切眾生，脫離輪迴苦海，入寂滅安樂，故稱大涅槃。

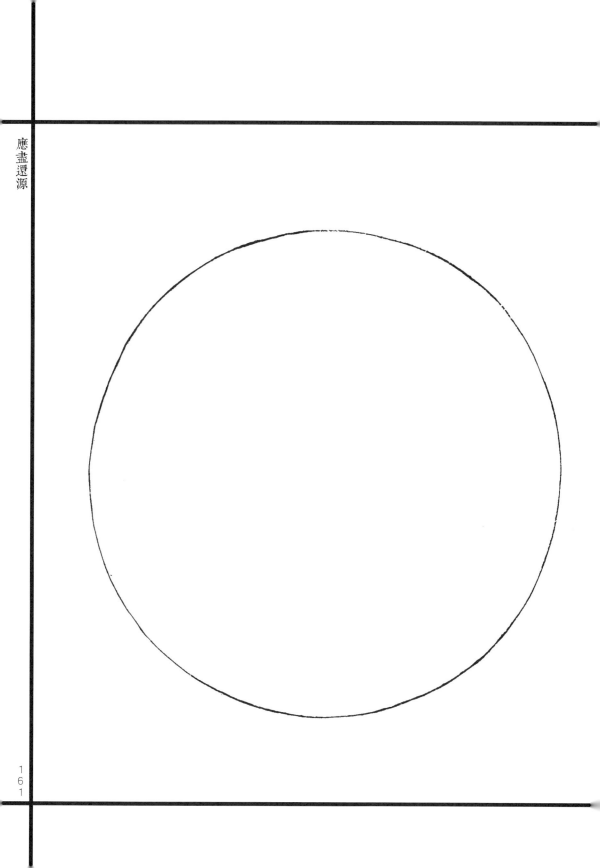

應盡還源❶

涅槃經後分云。爾時世尊。告諸大眾。我今時至。舉身疼痛。說是語已。即入初禪。從初禪出。入第二禪。從第二禪出。入第三禪。從第三禪出。入第四禪。從四禪出。入虛空處。從空處出。入無邊識處。從識處出。入不用處。從不用出。入非想非非想處。從非非想出。入滅盡定。從滅盡定出。還入非想非非想處。從非非想出。入不用處。從不用出。入無邊識處。從識處出。入虛空處。從空處出。入第四禪。從四禪出。入第三禪。從三禪出。入第二禪。從二禪出。入第一禪。爾時世尊。如是逆順。入諸禪已。復告大眾。我以佛眼偏觀三界。一切六道大地。含生有情無情。如是三界。根本性離。畢竟寂滅。同虛空相。一切諸法。無明本際。性本解脫。於十方求。了不能得。根本無故。所因枝葉。皆悉解脫。無明解脫故。乃至老死。皆得解脫。以是因緣。我今安住。常寂滅光。名大涅槃。

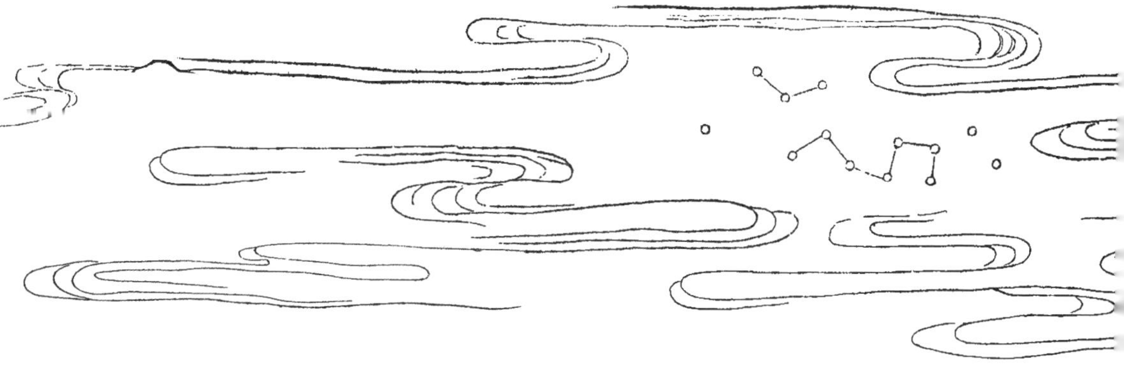

原典註釋

①**應盡還源**：據《長阿含經》記載，佛在圓寂前，還對大眾作了最後開示：「是故，比丘！無為放逸，我以不放逸故，自致正覺，無量眾善，亦由不放逸得，一切萬物無常存者，此是如來末後所說。」於是，世尊即入初禪定，從初禪起，入第二禪；從第二禪起，入第三禪；從第三禪起，入第四禪；從四禪起，入空處定；從空處定起，入識處定；從識處定起，入不用定；從不用定起，入有想無想定；從有想無想定起，入滅想定。

這時，阿難問阿那律：「世尊已般涅槃了嗎？」阿那律說：「還未也，阿難！世尊今者在滅想定。我昔親從佛聞，從四禪起，乃般涅槃。」從這段原始的阿含經中，可以知道佛是出了四禪才入涅槃。

均分舍利

佛涅槃火化後，八大王優填王、頂生王、惡生王、阿闍世王等，以及四大兵馬主，最豪兵馬主、容顏兵馬主、熾盛兵馬主、金剛兵馬主等，都來爭奪如來舍利。他們各自率領了自己的軍隊，說道：「佛舍利應該全部歸我。」

這時，大臣優波吉勸告大家：「各位大王，請不用爭搶，如來舍利是應該平分給大家供養的。」

這時，天神釋提桓因也特別趕來：「我們天神也應該獲得一份。」海神阿耨達龍王、文鄰龍王、伊那鉢龍王也齊聲而說：「我們龍王也應該獲得一份。」優波吉說：「各位，如來舍利應平分為三等份，一等份分給天神，一等份分給龍王，一等份分給八大王。」優波吉以金甕為單位，將舍利平分了。天神得到舍利後，便返回到天宮，建寶塔以供養舍利；龍王得到舍利後，也返回龍宮，同樣建了寶塔來供養舍利；八大王得到舍利後，也各自回到了本國，一樣起建寶塔供養舍利。優波吉則把剩下的舍利裝在三個金甕裡，回去也建造了一座塔，將舍利供養起來。

而如來自焚處的灰以及土，共有四十九斛，在自焚處建造了高四十九仞的塔，共四十九座。點燈燒香，懸掛著幡蓋，音聲晝夜不斷。佛的威嚴神力，把寶塔照得像白晝一般光明，還時常有神王守護。

◀八大王及四大兵馬主、天神釋提桓因、海神龍王都來取佛舍利。優波吉說：「如來舍利平分為三，一份分給天神，一份分給龍王，一份分給八大王。」

均分舍利

均分舍利❶

處胎經云。爾時八大國王。優填王。頂生王。惡生王。阿闍世王。四大兵馬主。最豪兵馬主。容顏兵馬主。熾盛兵馬主。金剛兵馬主。此八大王。共諍舍利。各領兵眾。列住一面。各言佛舍利。我應獨得。大臣優波吉諫言。諸王莫諍。舍利應分普皆供養。釋提桓因現為人語。我等諸天。亦當有分。阿耨達龍王。文隣龍王。伊那鉢龍王言。我等亦應有分。優波吉言。諸君且住。舍利宜共分之。即分為三分。一分與諸天。一分與龍王。一分與八王。金瓮受石餘此臣以蜜塗瓮裡。以瓮為量。即分舍利。天得舍利。還於天上起塔。龍得舍利。還於龍宮起塔。八王得舍利。各還本國起塔。優波吉金瓮舍利三斗。并瓮亦還起塔。灰及土四十九斛。起四十九塔。當闍維處。亦起寶塔高四十九仞。香燈供養。懸繒幡蓋。終日竟夜。音樂不斷。佛之威神。夜放光明。與晝無異。常有神王守護。

原典註釋

①**均分舍利**：關於佛入涅槃後，八國平分佛舍利之事，諸經皆有記載。依《長阿含經．遊行經》載，當時，波婆國之末羅民眾欲分得舍利，於本土起塔供養，於是備四種兵車至拘尸城，遣使者請分舍利。但拘尸王認為佛於他的國土滅度，國中人民當自供養，遂拒分舍利，於是各國民眾皆備四種兵車，請分舍利，拘尸王仍拒分舍利，諸王欲執干戈以力取，香姓婆羅門告諭彼等不可，諸國王即命香姓婆羅門：「汝為我等分佛舍利，均作八分。」於是八分舍利與八國，各國皆得舍利而歸，起塔供養。

而有關八塔位置有多種傳說，西元一八九八年，在於尼泊爾國南境之皮普拉瓦，挖掘相關古物，刻有阿育王時代或以前文字，內容為：此乃佛陀舍利龕，為釋迦族及其妹、妻子所奉祀。由此刻銘可知，八國分配佛舍利時，迦毗羅衛國曾得一分，為證明經文所載屬實之依據。

結集法藏

佛圓寂後，經七日七夜，完善後事後，大迦葉召集了五百大羅漢，對他們說：「你們到各地，告訴所有的阿羅漢，佛已經圓寂，火化也完畢，現在我想在此為阿羅漢們演說佛的真性法身，你們迅速召集所有阿羅漢到這裡，聆聽佛法大義。」

五百阿羅漢迅速以神力行遍天下，到所有阿羅漢的住處，召集了八億四千阿羅漢。此時，阿難正靜心禪思，摒棄俗世一切煩擾，達到豁然境界。眾阿羅漢與各路天神都為之讚歎，推舉阿難坐於高座。迦葉對阿難說：「現在你可以升座了，就由你來誦出佛曾說過的法，一言一字都不要有缺漏。」於是阿難慎重地走上了講壇，他坐於高座上，雙手合十，向大家行禮後，便誦出佛的教法：「我聞如是，一時佛在……」

大迦葉及眾阿羅漢，都為他那深沉柔和的聲音感動，他們彷彿又聽到了佛的聲音再現，大家都難過得落下眼淚。不僅感歎人生如夢似幻般無常，昨日還能見佛，而今天佛卻遠離我們了，只剩下「我聞如是……」的遺言。

這次結集法藏，集《菩薩藏》於一處，集《聲聞藏》於一處，集《戒律藏》於在一處。阿難順次誦出經文有：《胎化藏》為第一集，《中陰藏》為第二集，《摩訶衍方等藏》為第三集，《戒律藏》為第四集，《十住菩薩藏》為第五集，《雜藏》為第六集，《金剛藏》為第七集，《佛藏》為第八集等。這是佛教史上的第一次結集，釋迦牟尼佛的經法也大致具足。

◀大迦葉令五百大羅漢，急速召集八億四千阿羅漢，結集最初經教。阿難升座，誦出佛法，深沉柔和的聲音，彷彿又聽到了佛的聲音再現，大家因此落淚。

結集法藏❶

處胎經云。佛滅度後。經七日七夜。時大迦葉告五百阿羅漢。卿等五百人。盡詣十方諸佛世界。諸阿羅漢。盡集此處。佛今涅槃。闍維已訖。欲得演佛真性法身。汝等速集採。聽微妙之言。以神通力。即到十方恒河沙剎土。集諸阿羅漢。得八億四千眾。來集於此。阿難一心思惟。諸塵垢滅。朗然大悟。聖眾稱善。諸天歌歎。阿難即昇高座。迦葉告阿難言。佛所說法。一言一字。汝慎勿使有缺漏。菩薩藏。集著一處。聲聞藏。亦集著一處。戒律藏。亦集著一處。爾時阿難發聲唱言。我聞如是。一時佛及說佛所居處。迦葉及一切聖眾。墮淚悲泣。不能自勝。咄嗟老死。如幻如化。昨日見佛。今日已稱言為我聞。最初出經。胎化藏為第一。中陰藏第二。摩訶衍方等藏第三。戒律藏第四。十住菩薩藏第五。雜藏第六。金剛藏第七。佛藏第八。是為釋迦牟尼佛。經法具足矣。

原典註釋

①**結集**：又作集法藏、經典結集。意思就是合誦或會誦，即集合諸比丘僧，誦出佛陀教法，佛陀在世時，直接由佛陀為弟子們釋疑、指導，佛陀入滅後，弟子以共同誦出的方式，加以審訂、編次，以防止佛陀遺教散失。結集的過程階段：

一、誦出法教內容：由聖弟子就其記憶誦出過去佛陀所說教法。

二、共同審定內容：將大眾誦出的文句，經與會大眾共同審定判斷，內容是否為佛所說。

三、編集次第：即將誦出的經與律，分類編輯，以便憶持。

第一次經典結集，於佛陀入滅之年，在阿闍世王之護持下，五百大比丘會聚於摩揭陀國王舍城郊外七葉窟，以大迦葉為上首，故稱為五百結集。此次結集，由阿難誦經、優婆離誦律，再由諸長老將所誦出內容，檢討修訂，匯集而成。

育王起塔

阿育王到雞頭摩寺，拜見高僧耶舍，合掌行禮說：「我要在世界上建造八萬四千寶塔。」高僧耶舍說：「善哉！善哉！大王如果想建起這些塔，您就在十五日月蝕時，令人間起諸佛塔。」

阿育王聽完這話，馬上回宮，下命建造八萬四千個寶篋，又用金銀琉璃裝飾。每個寶篋都裝上一顆舍利，建造了八萬四千寶甕、八萬四千寶蓋，用八萬四千匹彩帛裝飾。建造完成後，阿育王將每個舍利寶篋交給一個夜叉，讓夜叉把舍利傳遍各地，凡是一億人口的地方，便造一座寶塔。

鬼神們拿著舍利，四處起塔，其中有個夜叉來到得叉尸羅國，拿著一舍利，想在此處建寶塔。而得叉尸羅國百姓說：「我國人民一共有三十六億，你應當給我們三十六個舍利。」於是夜叉返回阿育王宮殿，稟告阿育王。阿育王心想：「這國家人口太多，如果給他們這麼多，那麼舍利就不足夠分配到世界各地了，要想個辦法不給他們這麼多。」他就對夜叉說：「你去得叉尸羅國，給他們一個舍利，建一座塔即可。」

之後，阿育王又規定：「以後即使是超過一億人的地方，也只能給一個舍利，而少於一億人的地方就不給了。」

◀阿育王想建八萬四千寶塔，造訪耶舍比丘，耶舍用手遮住太陽，告訴他：「大王，您就在十五日月蝕時，令人間起佛塔。」

育王起塔

阿育王傳❶云。爾時阿育王❷往詣雞頭摩寺。至上座耶舍前。合掌而言。我今於閻浮提內。造立八萬四千寶塔。上座答言。善哉善哉。王若欲得一時作塔。我於大王作塔之時。以手障日。可遍勑國界。手障日時。盡起立塔。王聞語已。還於本宮。便造八萬四千寶篋。金銀琉璃。以嚴飾之。一寶篋中盛一舍利。復造八萬四千寶瓮。八萬四千寶蓋。八萬四千足綵。以為莊校。一舍利付一夜叉。使遍閻浮提。其有一億人處。造一寶塔。於是鬼神各持舍利。四出起塔。有一夜叉。賫一舍利。至得叉尸羅國。欲作寶塔。其國人言。我國人民。凡有三十六億。今當與我三十六篋。時夜叉鬼。具以上事。還白於王。王自念言。人衆甚多。若爾作者。舍利不足滿閻浮提。當設方便。斷而不與。即遣夜叉。復語之曰。與一舍利。起一寶塔。王復告言。多一億處。與一舍利。少一億處。亦莫與之。

原典註釋

①**阿育王傳**：西晉安法欽譯。記述印度阿育王護持佛法的種種事蹟，及摩訶迦葉乃至優波毱多等傳持法藏因緣始末。與梁代僧伽婆羅譯的《阿育王王經》十卷，為同本異譯。

梵文本中，有關阿育王之紀傳，於西元一八四五年法人布諾夫（E. Burnouf）譯成法語，刊載於印度佛教史緒論中。英人密特拉（R. Mitra）於西元一八八二年，在其尼泊爾佛教文學（Nepalese Buddhist Literature）一書中譯出其大意。藏文本阿育王傳，法人菲爾（L. Feer）譯成法語，西元一八六五年於法國巴黎刊行。

②**阿育王**：又譯阿輸迦、阿恕伽，意譯「無憂王」。為印度孔雀王朝第三代國王，其繼承父祖統一印度的事業，並締造孔雀王朝成為印度歷史上第一個統一的大帝國。阿育王即位之初，諸多殘暴，之後，阿育王皈依佛教後，接受目犍連子帝須的教化，其即位後十二、三年，派遣傳道師到四方傳道。其即位後第十七年，以目犍連子帝須為上首，集一千比丘於首府華氏城，舉行第三次結集。他在自己的版圖內，造八萬四千座佛舍利塔，並多次對佛教僧團貢獻土地與財物，建立了有史以來最大的佛教國，被尊為「護法名王」。

根據《雜阿含經》第六〇四篇，當時阿育王在重建佛塔時，前去請示耶舍比丘，耶舍比丘對他說：「善哉！大王！剋後十五日月蝕時，令此閻浮提起諸佛塔。」這是「耶舍以手障日」的緣故。

迦葉付法

大迦葉尊者即將圓寂時，將法脈傳給了阿難，並囑托他：「你應該知道，當初佛把法傳承給我，而現在我就要圓寂了，要把佛留下最精深的法傳給你，你當守護此法。」阿難說：「我必定遵循教誨。」之後阿難傳承並演示佛法，化度了眾生。

阿難對佛教傳播有極大的功勞，他與佛教的宿世因緣也非常深厚。最初在往古定光如來時代，有一沙門收留了一個未成年的沙彌，教他誦讀佛典。日夜不間斷誦讀。當時沙彌每日出外為師父乞食，如果在外面稍有一會停留，一日的經文沒誦念完，就要被師父責罵。這沙彌十分煩惱，只好在乞食時邊走路邊誦念經文。

一日，有位長者看他如此用功，便好奇問他為什麼如此精進用功，沙彌便把實情一一告知長者。長者說：「你不用憂愁，你只管精勤誦經，我會供給你們飲食。」從此，沙彌專心誦經，誦得相當多又流暢，不但經義貫通，還能記憶總持，博聞諸經，智慧更加深妙。當初那位沙彌就是世尊，那位布施沙彌食物的長者，就是阿難。

因為此宿世因緣，阿難具足了甚深智慧，能憶持不忘佛陀的開示，又精通於教法。大迦葉接著對阿難傳法，他說：「我把深妙之法傳給你，等你之後將圓寂前，到王舍城，那裡有位長者名商那和修，他在過去精勤用功，廣為布施，已經深植善根，你可化度他出家，將法付囑給他。」

◀大迦葉尊者在即將圓寂時，將法脈傳給了阿難，接著對阿難說：「我把法傳給你，等你將圓寂之前，到王舍城找長者名商那和修，將法付囑給他。」

迦葉付法

迦葉付法

付法藏經❶云。摩訶迦葉垂涅槃時。以最勝法。付囑阿難言。長老當知。昔世尊以法付我。我年老朽。將欲涅槃。世間勝眼。今欲相付。汝當精勤。守護斯法。阿難曰諾。唯然受教。於是阿難。演暢妙法。化諸衆生。然其宿命。有大功德。今當隨順。說其因緣。乃往古世。定光如來。時為沙門。畜一沙彌。教令讀誦。日夜誡勑。無有休廢。若經少闕。即便呵責。時此沙彌。為師乞食。若少稽留。經不充限。遭師罵辱。於是沙彌。甚為愁惱。當乞食際。且行且誦。時有長者。怪而問之。沙彌具荅如上。長者言勿憂。但勤誦習。我當供給。從此沙彌。得專讀誦。經義貫通。爾時沙彌。即世尊是。施食長者。阿難是也。以私福緣。智慧深妙。總持強識。多聞弘廣。不可稱計。迦葉告曰。長老於後。若入涅槃。王舍大城。有一長者。名商那和修。高才勇猛。有大智慧。已於過去。深種善根。為佛造寺。可度出家。如來法藏。悉付囑之。

原典註釋

①**付法藏經**：六卷，又稱《付法藏因緣傳》、《付法藏因緣經》或《付法藏傳》，元魏吉迦夜、曇曜共譯。內容敘述自佛滅度，以法咐囑大迦葉起，再傳阿難等印度祖師，其付法相傳事蹟及傳法世系。但最後一祖師子尊者，被罽賓國王彌羅掘所殺害，付法自此斷絕。

此書對中國後世影響極大，使中國佛教形成法統之說，隋、唐時代，天台、禪宗的法統說，以此為付法相承之規準。天台智者大師在《摩訶止觀》中，所述西天二十四祖即根據本書，《摩訶止觀》：「始迦葉，終師子，二十三人。末田地與商那，同時取之，則二十四人。諸師皆金口所記。」禪宗則再古本《壇經》，依著此傳承，略以增減而構成二十八祖之說，《宗鏡錄》、《景德傳燈錄》也多採用此書傳承，再加上婆須蜜、婆捨斯多、不如密多、般若多羅、菩提達摩等五人，而成禪門付法西天二十八祖。

雞足入定

大迦葉尊者把佛教經典結集完後，將法脈傳承給阿難，並囑咐阿難：「我即將圓寂，此刻把佛法托付給你，你當要好好護持教法。」之後，大迦葉尊者又前往阿闍世王宮殿，向阿闍世王告別。在王宮入口處，大迦葉尊者便對守衛者說：「我，大迦葉將要圓寂了，所以特地來向大王道別的。」

當一切都安置好後，大迦葉尊者來到了雞足山中，以草為席，心想：「我現在穿著佛給的袈裟，手拿著佛傳的缽。佛曾經付囑我，直到彌勒佛下生人世之前，都不要使佛法朽壞，讓佛的弟子們都能得見法身常住。」一念間，大地震動。迦葉即將入定，又想：「如果阿難、阿闍世王來此，雞足山應開啟，讓他們能夠進來。如果他們回去，山再合上，復還原貌。」

此時，釋提桓因遍撒香花，供養大迦葉尊者。禮拜供養後，雞足山便自動合上，將大迦葉尊者覆在山窟中。

此山窟神的名畢缽羅，他見尊者圓寂，無限惋惜而說：「法岳崩壞，法船沉沒，法樹折斷，法海枯竭，那些群魔就要大歡喜了。」這時所有天神都悲沉而泣。阿闍世王夜裡夢見天樑折斷，他醒來後，心裡有點驚怖。守衛來向他報告說：「剛才大迦葉尊者來向您道別了，他說他將要圓寂了。」

阿闍世王知道後，立刻與阿難前往雞足山。雞足山馬上自動開啟，二人進入之後，見大迦葉尊者已經圓寂，於是向大迦葉尊者禮拜後，泣涕離去。

◀ 大迦葉將於雞足山圓寂，阿闍世王與阿難前往。雞足山馬上自動開啟，二人進入之後，見大迦葉尊者已圓寂，於是向大迦葉尊者禮拜後，泣涕離去。

雞足入定

雞足入定

阿育王傳云。尊者迦葉。結集法藏已。以法付囑阿難。我今欲入涅槃。以法付汝。汝善守護。迦葉往詣阿闍世王所相別。語守門人言。大迦葉欲入涅槃。故來相語。時迦葉至雞足山[1]三岳中。坐草而坐。作是念言。我今此身。著佛所與糞掃衣。自持衣鉢。乃至彌勒興世。令不朽壞。使彌勒弟子。皆見我身。即時大地。六種震動。迦葉將欲入定。念言。若阿難。阿闍世王來時。山當為開。令其得入。若還去時。山復還合。釋提桓因。散天香華。供養迦葉。禮拜供養已。山即自合。覆尊者身。此山窟神。名畢鉢羅。見迦葉入滅。作如是言。今日法岳崩壞。法船已沒。法樹已摧。法海已竭。今日諸魔。得大歡喜。一切天人。哀戀悲泣。時阿闍世王。夢天梁折壞。覺已。心生驚怖。守門者來白王言。向者迦葉來白王。欲入涅槃。王聞是語。與阿難往詣雞足山。山自開張。供養禮拜。涕泣而還。

原典註釋

①**雞足山**：又作雞腳山。位於今印度東北地區附近。《大唐西域記》：「山麓谿澗，喬林羅谷，崗岑嶺嶂，繁草被巖；峻起三峰，傍挺絕崿，氣將天接，形與雲同。其後尊者大迦葉波，居中寂滅，不敢指言，故云尊足。……（中略）結集既已，至第二十年，厭世無常，將入寂滅，乃往雞足山山陰而上，屈盤取路，至西南岡；山峰險阻，崖徑槃薄，乃以錫杖扣剖之如割，山徑既開，逐路而進。槃紆曲折，迴互斜通，至于山頂東北面出；既入三峰之中，捧佛袈裟而立，以願力故三峰斂覆，故今此山三脊隆起。」而在中國雲南大理東北的賓川縣境內，也有一座雞足山，在山頂有一石門洞天，亦傳大迦葉於此守護佛衣，待彌勒降生，故該處亦被視為大迦葉道場，成為雲南教界中心地，極盛時期，全山總計一百零八所寺院，僧眾達五千之多。

商那受法

阿難將要圓寂時，他遵從了大迦葉尊者的付囑，來到了王舍城，找到了商那和修長者，並對他說：「當初佛將正法託付給大迦葉尊者，而大迦葉尊者又把正法託付給我，現在我要把正法託付給你，你要精勤守護，讓世間一切眾生都能受益佛法，就像品嘗甘露水一樣。」

商那和修回答：「我一定尊奉您的教示，護持正法，讓佛法能像普照眾生的明燈。」之後，商那和修廣宣無上法，療癒濟度一切眾生的煩惱病，他的德行高遠，長久修持願行，多聞總持，辯才無礙。這都是他昔日所修功德的積聚。

商那和修長者，在過去世是一位商主。某日，他見辟支佛患了重病，身體虛弱，就與商人們一同幫助佛就醫治病，並盡心地照顧祂，於是辟支佛的疾病慢慢康復。商主又供奉辟支佛穿一件上好的商那衣（麻草衣），說：「此麻草衣雖然極為鄙陋，但請尊者受我這衣服的供養。」辟支佛說：「施主您應知道，我是穿這麻草衣出家成道的，現在還要穿著這衣服入涅槃。」說完之後，禪定而入涅槃。商主十分的悲慟，便為辟支佛建塔，為其供奉，並發誓說：「願我來世，能再見到如此的聖師，並且要超越聖師，使我的威儀及衣服等，都能如同此聖衣。」

由於此種因緣，商那自出家成道、入涅槃，始終穿著麻草衣，因此名為商那和修。阿難囑付商那和修說：「當年世尊遊經摩突羅國時，曾對我說，該國有位長者，名優波毱多。在我圓寂後，你當度他出家，並將正法託付給他。」

◀阿難將圓寂，他將法付囑商那和修長者，長者因過去世供養辟支佛商那麻草衣，以此因緣，其自出家成道、入涅槃，皆著麻草衣，故名商那和修。

商那受法

商那受法

付法藏經云。時阿難臨當滅度。告商那和修[1]曰。佛以法眼。付大迦葉。迦葉以法付我。我以法藏用付於汝。汝可精勤。守護斯法。令諸眾生。服甘露味。商那和修。荅曰奉教。我當擁護。如斯妙法。普為一切。作大明燈。於是廣施無上法藥。療煩惱病。濟度羣生。其德高遠。久修願行。多聞總持。辯才無盡。今當敷演。彼功德聚。乃往過去劫。我為商主。見辟支佛身嬰重病。氣命羸惙。與諸商人。即便停住。推求醫藥而療之。盡心承給。無所乏少。病遂除差。氣力充足。是辟支佛。著商那衣。商主以上妙衣。用以奉獻。白言大聖。此商那衣極為弊惡。唯願受我所奉衣服。辟支佛言。施主宜知。我以此衣出家成道。復當著此而入涅槃。阿難以法付囑告曰。世尊昔游摩突羅國。顧命我言。此國中有長者子。號曰優波毱多。我滅度後。興大饒益。汝當於後。度令出家。付其法藏。

原典註釋

①**商那和修**：又作奢那婆數、舍那波私等。意譯胎衣、自然衣、麻衣、草衣。商那和修為摩突羅國人，姓毗舍多。

他在出家前曾發殊勝誓願，願為佛及僧眾造經及樓屋，並設法會。為此，乃為經商，航海於外，獲珍寶而歸，至竹林精舍欲為佛與其弟子等設大施會，但後來才知道他們都已滅度，悲泣不已。

後由阿難處出家受戒，為阿難弟子，受八萬四千法藏，所聞之法未曾忘失，都能憶持，得總持力，證阿羅漢果。相傳其曾至摩突羅國，於優留曼陀山度化二龍子，在當地建僧伽藍，名那羅跋利，弘宣妙法，饒益眾生。

毱多籌算

優波毱多在十二歲時，偶然遇到了商那和修，商那和修就便來到優波毱多住所，為他說法，並教他觀察自己惡念與善念，並以黑白石子每天分別記錄。

優波毱多依商那和修的教法實踐，他專心修持，心念種子漸漸轉為純淨。到了第七日，他已達到全部白子的善念記錄，而無任何一顆惡念黑子的記錄。商那和修知道他善念充滿，又為他講法，度他出家，他即得了初果。

直到優波毱多到了可受戒的年齡，便受了比丘戒，證得阿羅漢果。商那和修便把佛法傳付給他，當時，因為他智慧深廣，通曉法術，凡是經他度化，都可得解脫，證得阿羅漢果。他將度化的人，以籌作為記數器具，一人得道，他便加上一籌，一籌長四寸，不斷地增加，最後積累的籌已裝滿一石室。整個石室高六丈，可知他度化的人極多，而他的名字也傳遍各地。

當他入涅槃之時，召集了十方阿羅漢以及各學人，淨持戒者不可稱數，在家的男眾居士也有成百上千。優波毱多尊者飛身至天空中，現十八種變化後，進入涅槃。天人們也悲號哭泣，他們把石室的籌作為焚化的燃料，並起塔供養。

◀ 優波毱多十二歲，遇到了商那和修，先學習佛法，後出家受戒，證阿羅漢，傳承法要。其智慧深廣，神通廣大，通曉法術，降伏惡魔，度人無數。

毱多籌筭

毱多籌筭

付法藏經云。尊者阿難。以法付囑。商那和修。告曰。世尊昔游摩突羅國。顧命我言。此國中有長者名毱多。其子名優波毱多[1]。我滅度後。興大饒益。教化無量眾生。汝當度令出家。若涅槃時。付其法藏。商那和修。欲付其法。觀察毱多。為生子耶。入定思惟。知未出世。詣毱多舍。毱多問曰。何獨無侶。答言長者。我無俸祿。有信出家。乃見隨耳。毱多復言。吾樂世俗。不能出家。若後生子。當相奉給。後生一子。名曰優波毱多。年十二歲。巧於市易。商那和修。即至其所。而為說法。漸以方便。教令繫念。以黑白石子。用當籌筭。若起惡心。當下黑石子。設生善念。下白石子。優波毱多奉受其教。攝念不散。善惡心起。輒投石子。初黑偏多。白者尠少。漸漸修習。白黑正等。繫念不止。心轉純淨。更無黑石。純有白者。善念已盛。逮得初果。商那和修。以付囑之。汝當守護。

原典註釋》

①**優波毱多**：又稱優波鞠、優波崛等，意譯為大護、小護。其對佛教的發展貢獻極大。優波毱多原為商人兒子，之後隨師商那和修。商那和修為他講說甚深法要，及修持方法。他很快就達到頓悟，十七歲出家，二十歲證果。成為付法藏傳承者，嚴持戒律，至各地宣揚佛法。

當時，阿育王聽到優波毱多的事蹟，極為仰慕，多次邀請優波毱多為自己教授佛理，又邀其到華氏城，參拜釋迦摩尼的聖跡，在優留曼荼山建一座宏偉的寺院，供僧侶修行。

蜜多持幡

佛陀蜜多尊者心想：「我的師父難提，將佛法付囑給我，我應怎樣宣揚佛法，使世間的眾生都能得到利益呢？」又想：「當今的國王對佛教存有偏見，我應先去開導他，能讓他淨信佛法。」於是，佛陀蜜多手舉著紅幡，走到國王前面。

國王見前方有人持紅幡，便問：「你何等人？為何走在我的前面呢？」佛陀蜜多回答：「我是一位有智慧的人，能善辯說，想在大王面前請求一試。」國王於是下令國內所有婆羅門、長者、居士等聰明多聞、善辯者全部都齊聚到宮殿中，準備與佛陀蜜多比丘進行辯論。獲國王命令後，所有外道都爭相前來。

國王坐於正殿，而佛陀蜜多比丘入於法座，開始與外道辯論。有的智慧較淺的，一開口便理屈，有的聰明善辯，但經過幾回辯論，就遭佛陀蜜多比丘反駁得詞窮了。國王見眾人都辯論不過佛陀蜜多比丘，想親自與他辯論，但剛開始辯論沒多久，就感到自己的不足。佛陀蜜多比丘心想：我與大王辯論，不該勝過大王的。於是對大王說：「這其中的深義，相信大王自然能明白。」

此時，大王自知辯不過他，於是一改過去對佛教的偏見，開始恭敬佛法，並接受了三皈依，成了佛門弟子，且在國內弘法度眾，還使國中對佛教邪見最深的外道尼乾子師徒等五百人，都到佛陀蜜多比丘處所，出家成為了佛弟子。

▲佛陀蜜多尊者毛遂自薦，國王於是下令國內有善辯者全齊聚到宮中，與佛陀蜜多辯論，然而，竟無一人能勝，國王一改偏見，受三皈依，成了佛弟子。

蜜多持幡

付法藏經云。尊者佛陀蜜多❶念言。吾師難提。以法付我。我當云何敷宣正法。令諸眾生普得饒益。復念。今此國王。甚大邪見。我宜先往。而調伏之。躬持赤幡。在王前行。王問何人。在吾前行。答言大王。我是智人。善能談論。欲於王前。求一試驗。時王宣令。國內所有婆羅門。長者居士。聰明博達。善於言辭。悉令集吾殿上。與一沙門。共對議論。於是一切邪見外道。競來雲集。時彼大王。於正殿上。羅布茵褥。蜜多即昇法座。共諸外道。建無方論。淺智之者。一言即屈。其多聰辯。再便辭盡。王見諸人。理皆窮匱。躬與蜜多。自共議論。始起言端。亦尋屈己。蜜多思念。我與王論。不應顯勝。而語之言。此義淺深。王自解了。爾時彼王。即知其屈。迴改邪心。敬信正法。受三自歸。為佛弟子。於自國土。弘宣道化。時此國中。邪見尼乾子。師徒五百人。至蜜多所。俱共出家。

原典註釋》

①**佛陀蜜多**：Buddhamitra，或稱佛陀蜜多羅、佛陀蜜。意譯覺親。印度提伽國人，姓毗舍羅。《付法藏》說他受佛陀難提付囑，為第八祖，後世又謂稱為第九祖。其德厚具大智慧，以善巧方便，廣度眾生，摧滅異邪。當時，國王因為崇信外道，而毀佛法；他便持赤旛到王前，經歷多時，國王才召見，他到王所，與外道對論，屈服外道；又與王論議，挫其邪心，使信正法；又教化尼乾子，令其弟子五百人皈依佛教，之後付法予脅比丘而示寂。又傳載，佛陀蜜多為世親之師。

馬鳴辭屈

有位馬鳴，學識智慧淵博，才華出眾超群，對於所有疑難問題，他也都能一一解答，所以他極為傲慢。

某天，他聽說有位富那奢尊者，也是具足深妙智慧，博學多聞，但富那奢尊者的觀點，正好與馬鳴互相對立。於是馬鳴懷著輕蔑的態度，來到了富那奢的住所，並對他說：「世間的一切言論，我皆能駁倒，如同冰雹摧斷小草一般，此話如有半點虛浮不實，我就割掉自己的舌頭謝罪。」

富那奢尊者回答：「佛法中，有二諦的說法，如果從世俗諦的觀點而言，假立了一個名稱為我；但佛法的第一諦的意義，都是空寂無我，如此推論，那麼這個假立的『我』，還有什麼可得呢？」

馬鳴聽了，非常不服氣，他自恃聰慧，認為自己才是對的，必定能夠取勝。而富那奢又接著說：「你仔細思量，若我說的皆是真實的，沒有任何虛妄之語。」這時，馬鳴心想：「世俗諦中，雖然假立了『我』，然而，這個『我』並非真實而有，佛法第一諦的要義，就是空寂無我，又哪裡會有一個真實的『我』存在，如此，二諦的說法中，都沒有一個『我』，既然無『我』可得，又有什麼能毀壞呢？看來我今天是辯不過富那奢了。」馬鳴推論至此，已知勝敗，便要割斷自己的舌頭。

富那奢見這情狀，便說：「佛法一向主張仁慈，如果你自認輸了，也不必割掉舌頭，你可以剃髮出家，成為佛門弟子就可以了。」於是他就度化了馬鳴出家，並付托馬鳴：「我將法藏的經義托付給你，你日後要全心護持，饒益未來眾生。」

◀馬鳴態度傲慢，對富那奢尊者說，若無法駁倒對方言論，就割掉舌頭謝罪。之後馬鳴辯論敗給尊者，欲割舌，尊者見狀，勸其出家，並托付法藏。

馬鳴辭屈

付法藏經云。有大士名曰馬鳴[1]。智慧淵鑒。超識絕倫。有所難問。靡不摧伏。計實有我。甚自貢高。聞有尊者。名富那奢。智慧深邃。多聞博達。言諸法空。無我無人。懷輕慢心。往詣其所。而作是言。一切世間。所有言論。我能毀壞。如雹摧草。此言若虛。而不誠實。要當斬舌。以謝其屈。富那奢言。佛法之中。凡有二諦。若就世諦。假名為我。第一義諦。皆悉空寂。如是推求。我何可得。爾時馬鳴。心未調伏。自恃機慧。猶謂己勝。富那語曰。汝諦思惟。無出虛語。我今與汝。定為誰勝。是時馬鳴。即自念言。世諦假名。定為非實。第一義諦。性復空寂。如斯二諦。皆不可得。既無所有。云何可壞。我於今者。定不及彼。便欲斬舌。以謝其屈。富那語言。我法仁慈。不須斬舌。宜當剃髮。為吾弟子。爾時尊者。度令出家。而告之曰。我以法藏。持用付汝。汝當於後。至心受持。令未來世。普皆饒益。

原典註釋

①**馬鳴**：年代大約在西元二世紀或更早（年代說法不一），出身婆羅門家族，家學淵源，初學習外道法，後皈依佛門，付法藏第十二祖，受馬鳴菩薩之稱號。此尊號由來，《大乘起信論義記》：「馬鳴之名，依諸傳記，略有三釋。一、以此菩薩初生之時，感動諸馬，悲鳴不息故，立此名也。二、此菩薩善能撫琴，以宣法音，諸馬聞已，咸悉悲鳴故，立此名。三、此菩薩善能說法，能令諸馬悲鳴，垂淚不食七日，因此爲名也。」他被認為是古印度傑出的文學家、詩人和劇作家。撰寫許多佛教詩篇和劇本，主要著作有《佛所行贊》、《金剛針論》、《莊嚴難陀》和《舍利佛頌》（劇本）等。為古梵語文學的先驅者，開創優美文體文學先河，在文學史上留具不朽之盛名。二十世紀初在中國新疆，發現印度古戲劇殘卷《舍利弗傳》（一九一一年校刊），卷尾註明作者是馬鳴，為古典梵語劇之最古例。而關於馬鳴及其相關著作，學界考證有許多不同看法，甚至認為不只有一人，可能出現過數個同樣名為「馬鳴」，所以才會有不同說法與衝突之處。

龍樹造論

馬鳴大士將法託付給比羅長老。比羅長老在滅度前，又將法藏託付給龍樹大士。龍樹大士為眾生廣傳佛法，流佈法教，積累了無量妙功德。他聰明絕頂，任何事都難不倒他，他更建立法幢，降伏外道。當時，南天竺國國王對佛教懷有偏見，因而信奉外道，毀謗佛法。龍樹菩薩為化度國王，便到他的王宮。

國王問他：「你是何人？」龍樹回答：「我是擁有一切智慧的人。」於是國王下令召集所有婆羅門和外道者，前來與龍樹辯論。各外道聽此消息，都集合到王宮，他們準備與龍樹一辯高低。龍樹昇入上座。這些外道，無論是愚昧淺薄的，還是稍有聰明的，全都辯到啞口無言。無數邪見外道就這樣被龍樹降伏了，還都剃除髮鬚出家成了佛門弟子。

龍樹菩薩就這樣在各地傳道，說法講經，度了無數眾生。他宣揚大乘教法，造了十萬偈的優波提舍論，莊嚴佛法，以大慈悲的方便論說，立五千偈語，使大乘法義弘揚於世；又創立了《無畏論》十萬偈語，《中論》便是出自無畏部中，有五百偈。龍樹對佛法的宣揚意義深遠，更摧伏了外道邪說。

◀無數邪見外道前來與龍樹辯論，皆被降伏，並剃除髮鬚出家成了佛門弟子。龍樹菩薩在各地傳道說法，度了無數眾生。並造十萬法義偈論，弘揚大乘。

龍樹造論

付法藏經云。馬鳴大士。付法比羅長老。比羅臨滅。便以法藏付一大士。名曰龍樹[1]。然後捨命。龍樹於後。廣為眾生。流布法眼。以妙功德。用自莊嚴。天聰奇悟。事不再問。建立法幢。降伏異道。時南天竺國。王甚邪見。承事外道。毀謗正法。龍樹菩薩。為化彼故。即詣王所。王問汝是何人。答言。我是一切智人。王勑集諸婆羅門。與諸外道。共與沙門。廣共論議。時諸外道。聞是事已。悉來雲集。含怒懷嫉。來競言辯。於是龍樹昇座。其愚短者。一言便屈。小有聰慧。極至再問。詞理俱盡。無量邪見外道。皆悉降伏。剃除鬚髮。俱共出家。如是展轉。廣度眾生。乃至無數。廣開分別。摩訶衍義。造優波提舍。論有十萬偈。莊嚴佛道。大慈方便。如是等論。各五千偈。令摩訶衍。光宣於世。造無畏論。滿十萬偈。中論出於無畏部中。凡五百偈。其所敷演。義味深遠。摧伏一切外道勝幢。

原典註釋

①**龍樹**：Nagarjuna，梵名意譯作龍猛、龍勝。相傳始生之日於樹下，因入龍宮習法而成道，故號龍樹。年代約二、三世紀，南印度婆羅門種姓出身。為印度大乘佛教中觀學派的奠基者。其幼年曾學「五明」，其後皈依佛教。先後學得小乘三藏及大乘教，系統地闡述並確立了大乘佛教中觀派的理論，其在南天竺，得國王護持，大弘佛法，摧伏外道。論著有《中論》、《大智度論》、《十二門論》、《十住毗婆沙論》、《六十頌如理論》、《大乘二十頌論》、《寶行王正論》、《因緣心論頌》、《菩提資糧論頌》等數部論書，據西藏所傳有一百二十二種，漢譯有二十二種，造論之多，遂有「千部論主」之美稱，並尊師為中觀派之祖。

此外，又被尊為付法藏第十三祖，且古來亦被尊為八宗之祖，可見其在佛教史的地位。由於他的創發闡揚，使印度佛教教義體系局面廣大開展，大乘佛教是經由他確立的。龍樹思想為西藏佛學的重要支流，為中國三論宗與天台宗的義理支柱及思想根源，其易行道思想，也為淨土宗所取。在佛教史上，龍數論義理規模閎大與影響，堪稱世尊之外第一人。

天親造論

天親菩薩為無著菩薩的親弟，但在佛法上，兄弟兩人卻各有自己的觀點和所依循的宗派。天親最初是學小乘教法，師學一切有部的傳承，而造五百論，主要是弘揚小乘，而排斥大乘。在天竺國中，無人能與他分庭抗禮。然而，無著已成就初地菩薩，他觀察弟弟天親的根機已經成熟，就假裝病疾，住在附近的一個驛站旅社處，派了一位弟子去請弟弟回來。

晚間，兄弟兩人同住於一個旅宿，無著的弟子便在夜裡大聲誦讀著大乘經文，經文偈說：「**若人欲了知，三世一切佛，應觀法界性，一切唯心造。**」天親一聽，豁然開朗，當下領悟大乘法理，並深悔過去自己對大乘教法的誹謗與排斥。他內疚於自己的過錯，本罪根源於舌根，於是執取利刀，想割斷自己舌頭。

無著伸手拉住了他，並勸慰他：「你既然已經悟得大乘法，可見你的因緣和時機都成熟了，過去你以舌根毀謗大乘法，現在應該用舌根來讚頌大乘法，如此便可以補償以往過失。又何況，你一旦割斷舌根，無法說話，又有什麼益處呢？」天親聽了哥哥的這一番教誨，便扔下割舌的利刀。

之後，天親拜無著為師，很仔細研究大乘法，造了《大乘論》、《百法論》、《五蘊論》、《二十唯識論》、《三十唯識論》等論書。無著菩薩首先在阿輸闍國大講堂中宣講大乘經教，他入了日光禪定境界，夜裡昇至兜率天宮，恭請彌勒菩薩解說瑜伽經教，闡明五分、十七地義，還請示《金剛經》大義，共八十行偈語。這使他獲益匪淺，而有所悟，並著述造論二卷，而天親也著述，約斷二十七疑處，造論三卷。

▲天親為無著親弟，他初學小乘法，排斥大乘。無著已成就初地菩薩，遂度化天親入大乘法。天親大悟，欲割舌懺悔，無著勸止，後兩人一同弘揚大乘法。

天親造論

成道記[1]註云。天親[2]菩薩。是無著[3]菩薩俗中親弟。法中小師。始宗有部。造五百論。明小斥大。天竺無敢敵者。無著是初地菩薩。觀其弟大乘根緣將熟。乃假疾召歸。甫近一驛。遣一弟子往接。至夜同館宿。其弟子夜誦大乘一偈云。若人欲了知。三世一切佛。應觀法界性。一切惟心造。天親聞之。豁悟解大乘正理。且悔昔訿斥。深咎何補。原其罪本。但是舌根。乃起手執利刀。欲截其舌。無著遙知。伸臂捉住。諭之曰。汝悟大乘。蓋其時矣。昔以舌毀。宜以舌讚。可補其過。且斷舌不言。其利安在。天親受教乃止。洎覲本師。諦聽慈旨。造大乘論。百法論。五蘊論。二十唯識論。三十唯識識等論。無著首暢大乘。在阿瑜闍國。大講堂中。入法光定。夜昇兜率天宮。請聖慈尊說瑜伽論。廣明五分。十七地義。金剛經義。無著約十八住處。造論二卷。天親約斷二十七疑。造論三卷。

原典註釋

①**成道記**：即《釋迦如來成道記》，唐王勃撰，內容係敘述釋迦牟尼佛傳，從降生、出生、出家、成道，及其一生教化之種種事蹟，又至佛入滅後教法之弘通等。之後，唐道誠作《釋迦如來成道記註》，明得為作序，評此書「要而不略，該而不漏，玉潤金精，星明日耀」。

②**天親**：音譯婆藪槃豆、婆修槃陀，又譯世親。約五世紀時，北印度人，世壽八十。與其兄無著，為古印度大乘佛教瑜伽行派創始者。其最初於小乘的一切有部出家，受持小乘三藏。著有《阿毗達磨俱舍論》，至今仍受重視。後受到其兄無著啟發，轉向大乘經教，致力於瑜伽、唯識之學，其造論甚多，有「千部論師」之譽。除《俱舍論》外，尚有《唯識二十頌》、《唯識三十頌》、《十地經論》、《無量壽經優波提舍願生偈》（《淨土論》）等書，這幾部書分別影響了中國唯識宗、地論宗與淨土宗的思想核心。

③**無著**：音譯為阿僧伽，又稱無障礙，印度瑜伽行派之祖。最初在小乘出家，後來從學於賓頭盧羅漢修小乘空觀。其後在中印度阿陀國改信大乘，相傳從彌勒菩薩受大乘法，遂通達大乘「唯識無境」的空觀。從此後在印度盛弘大乘法相唯識的法門，其主要著作漢譯、藏譯約有三十種，最重要的有《攝大乘論》、《順中論》、《金剛般若經論》、《顯揚聖教論》、《大乘阿毗達磨集論》、《六門教授習定論》等，都是印度大乘思想的重要著作，他不僅開啟了印度的瑜伽行派，對中國、西藏及日本的佛學，都有深遠影響。

師子傳法

佛把正法付囑給大迦葉尊者，大迦葉傳承法脈，輾轉傳到一位名叫師子尊者，他在罽賓國廣大弘揚佛法，把袈裟衣傳給弟子婆舍斯多，而說：「我現在把如來正法眼藏傳給你，你要一心護守，讓佛法普潤來世眾生。我現在傳你一段偈語：『正說知見時，知見俱是心，當心即知見，知見即於今。』

「佛法就像大明燈，普照世間人愚癡與黑暗。過去聖賢，世代相傳，守護傳承，使法輪常轉，利益了世間眾生，斷絕了惡道，開展人天善道。法傳到末後，將日益衰弱，聖賢也相繼隱沒，無法再發展佛法，世間邪魔外道也將乘這個機會造種種惡，做種種十不善之行，最終大部分難逃三途八難的命運。因而有智慧的人，應觀察思維無上的教法，並廣修種種福田，這無量功德是甚深難以思議的事情。

「如同一位商人，想要渡過大海，則必須乘船，然後安然抵達彼岸。一切眾生也都是如此，凡要想逃脫生死苦海輪迴，就必須乘佛法船，才獲得真正的解脫。真善知識，對眾生有莫大利益，可救濟眾生苦惱與憂慮。」

婆舍斯多在師父的開示下，心地朗然，有所頓悟。師子尊者又至他國，機隨教化。受教作禮而去。

◀法脈傳到師子尊者，他於罽賓國廣大弘法，又將袈裟法衣傳給弟子婆舍斯多，並對他說：想逃脫生死苦海，必乘佛法船，真善知識應為一切眾生做大利益。

師子傳法[1]

付法藏經云。佛以正法。付大迦葉迦葉。展轉付囑。次至尊者。名曰師子。於罽賓國。大作佛事。以僧伽黎衣。傳付弟子婆舍斯多曰。如來正法眼藏。今轉付汝。汝應保護。普潤來際。偈曰。正說知見時。知見俱是心。當心即知見。知見即於今。如此之法。為大明燈。能照世間。愚痴黑暗。是故諸賢聖人。皆相守護。更相付囑。常轉法輪。為諸眾生。起大饒益。斷塞惡道。開人天路。逮至最後。斯法衰滅。賢聖隱沒。無能建立。世間暗冥。造作惡業。行十不善。命終多墮。三途八難。是故智者。宜當觀察。無上勝法。有大功德。微妙淵遠。不可思議。譬如估人。欲過大海。必乘船舫。然後得度。一切眾生。亦復如是。欲出三界。生死大海。必假法船。方得度脫。真善知識。為大利益。濟諸苦惱。解除疑網。婆舍斯多。蒙師開悟。心地朗然。默然心服。俾之他國。機隨演化。受教作禮而去。

原典註釋

①**師子**：又稱師子比丘、師子菩提。在禪宗被尊為西天第二十四祖。婆羅門種姓，為中印度王子。其父崇信佛教，由於受到薰陶，師子自幼立志學佛。二十三祖鶴勒那為其說法，師子向他請教如何學佛，鶴勒那語意玄妙入勝，講說詳盡，師子決定出家。鶴勒那隨即傳正法眼藏，囑咐他善自護持。師子遊方至罽賓國教化，但終為外教所污陷，當地迫害佛教，師子被罽賓國王所殺。

據《佛祖歷代通載》載，當時罽賓國國王信奉外道，外道有二，一名摩目多，一名都落遮。學諸幻法欲共謀亂。師子比丘想教化國王。一見國王，國王就問他，說：「你了生死了嗎？」師子比丘說：「已了生死。」國王說：「既然你生死已了，那菩薩行布施頭、目、腦、髓，現在我想要你的頭，你可以布施嗎？」師子比丘說：「可以，我已無生死，一個頭，又算什麼，你只管拿去！」國王便拿寶劍就把師子比丘的頭斬下來。斬下後，頭冒出白漿，沒有血出。這時，國王持劍斬師子比丘頭的那隻手臂，在沒有人斬斷的情況下，竟然自然斷了，且七日之後命終。

大法東來

中國後漢明帝永平七年正月十五日，明帝夢見了一個金人，身高一丈有餘，紫金色身，燦然如紅日，作種種變化，飛行宮廷。

隔日，明帝詢問群臣此夢兆。太史傅毅說：「《周書異記》上記載：『周昭王甲寅四月八日，有五色光明，遍照西方。太史蘇由稟告周昭王說：有大聖者，於西方誕生，故呈現此瑞相。千年後，聖教當傳國中。』周昭王於是下令將此事鐫刻於石，並將此石埋於南郊。昨夜陛下所夢，必與此事有關。」

明帝認為頗有道理，便派中郎將蔡愔等十八人前往西域。蔡愔等人至天竺月氏國，遇到了摩騰、竺法蘭二位沙門，便請他們以白馬載佛經及佛像，一同到洛陽城。明帝聽說天竺高僧前來，非常歡喜，安排他們住於鴻臚寺。

摩騰、竺法蘭會見明帝，明帝問：「佛在世的時候，為何佛法沒有傳至我國？」摩騰回答：「天竺迦毗羅衛國是三千大千世界的中心，三世諸佛都在此誕生，且天、人、龍、鬼等，以及宿有願力的眾生，也都是在那裡出生，蒙佛度化。至於世上其他國土，佛雖未親自前往，然而佛光普照十方，即使過五百年，乃至一千年以後，各地也都會有聖者前往弘法，普化一切眾生。」

明帝聽完後大喜，下令在洛陽門外，建立了白馬寺，邀請摩騰、竺法蘭二位高僧長期居住國中，宣揚教法。摩騰最初譯出《四十二章經》，為佛法東傳之始。

◀後漢明帝夢見一金人。太史解夢說，古有佛法東傳一事刻於石。便至西域尋法，遇二僧人，請至國中，建白馬寺，譯《四十二章經》，為佛法東傳之始。

大法東來

佛祖統紀[1]云。後漢明帝。永平七年。正月十五日。帝夢金人。身長丈餘。紫磨金色。赫亦如日。變化非常。飛行殿庭。旦問群臣。以占所夢。太史傅毅奏曰。臣覽周書異記載。昭王甲寅。四月八日。有五色光。入貫太微。遍於西方。太史蘇由奏曰。有大聖人。生於西方。故現此瑞。千年後聲教及此。王勅鐫石。埋於南郊。陛下所夢。將必是乎。帝以為然。即遣中郎將蔡愔等十八人。往使西域尋訪。愔等於中天竺月氏國。遇摩騰。竺法蘭。以白馬駝梵經。及佛圖像。同還雒邑。帝甚悅。命館於鴻臚寺。騰蘭以沙門服謁見。帝問摩騰曰。佛出世後。何以化不及此。騰曰。天竺迦毗羅衛國者。三千大世界之中。三世諸佛。皆於此出。天人龍鬼。有願力者。皆生於彼。受化悟道。餘處佛雖不往。然光相及處。或五百年。或千年後。皆有聖人傳佛聲教。而往化之。帝大悅。勅庸門外。立白馬寺以居之。摩騰始譯四十二章經[2]。此佛法東來之始也。

原典註釋

①**佛祖統紀**：略稱《統紀》，宋釋志磐撰。志磐號大石，為天台宗僧侶，另著有《法界聖凡水陸勝會修齋儀軌》。《佛祖統紀》主要闡明天台一宗的全貌，以《宗源錄》、《釋門正統》二書為基礎，加以改編，仿《史記》紀傳體和《資治通鑑》體例編成。本書卷首〈通例〉篇，以說明本書體制、內容、寫作旨意及方式。其組織嚴密，廣泛涉佛教各領域。本紀載釋迦成道與天台宗西土二十四祖、東土九祖、興道以下八祖傳紀；世家收錄南嶽、天台等一百九十八人傳記；列傳收錄慈雲至廣智、神照等三百七十八人傳記（部分已佚）。

②**四十二章經**：後漢迦葉摩騰、竺法蘭共譯。被認為是最早的漢譯佛經。各章內容簡精，長者百餘字，短者僅二十餘字。全經大意闡明早期佛教之無常、無我、涅槃寂靜等基本教義，說明出家、在家應精進離欲，並修持布施、持戒、禪定而生智慧，得證四沙門果。說理方式簡明，為佛教入門書。

附錄：《釋迦如來應化事蹟》全系列各篇原始經典與主要譯者

第一卷《娑婆》

篇名	原始經典	主要譯者	篇名	原始經典	主要譯者
釋迦垂跡	無	無	姨母養育	《佛本行集經》	隋闍那崛多譯、費長房等譯
買華供佛	《因果經》，又名《過去現在因果經》	劉宋求那跋陀羅所譯	往謁天祠	《大莊嚴經》，全名《方廣大莊嚴經》	唐地婆訶羅譯
布髮掩泥	《因果經》	劉宋求那跋陀羅所譯	園林嬉戲	《佛本行集經》	隋闍那崛多譯、費長房等譯
上託兜率	《佛本行集經》	隋闍那崛多譯、費長房等譯	習學書數	《佛本行集經》	隋闍那崛多譯、費長房等譯
瞿曇貴姓	《釋迦譜》	梁僧祐撰	講演武藝	《佛本行集經》	隋闍那崛多譯、費長房等譯
咒成男女	《釋迦譜》	梁僧祐撰	太子灌頂	《過去現在因果經》	劉宋求那跋陀羅所譯
家選飯王	《因果經》	劉宋求那跋陀羅所譯	遊觀農務	《普曜經》	西晉竺法護譯
乘象入胎	《因果經》	劉宋求那跋陀羅所譯	諸王捔力	《佛本行集經》	隋闍那崛多譯、費長房等譯
樹下誕生	《佛本行集經》	隋闍那崛多譯、費長房等譯	擲象成坑	《佛本行集經》	隋闍那崛多譯、費長房等譯
九龍灌浴	《佛本行集經》	隋闍那崛多譯、費長房等譯	悉達納妃	《因果經》	劉宋求那跋陀羅所譯
從園還城	《佛本行集經》	隋闍那崛多譯、費長房等譯	五欲娛樂	《佛本行集經》	隋闍那崛多譯、費長房等譯
仙人占相	《佛本行集經》	隋闍那崛多譯、費長房等譯	空聲警策	《佛本行集經》	隋闍那崛多譯、費長房等譯
大赦修福	《佛本行集經》	隋闍那崛多譯、費長房等譯	飯王應夢	《佛本行集經》	隋闍那崛多譯、費長房等譯

篇名	原始經典	主要譯者
道見病臥	《佛本行集經》	隋闍那崛多譯、費長房等譯
路覩死屍	《佛本行集經》	隋闍那崛多譯、費長房等譯
得遇沙門	《大莊嚴經》，全名《方廣大莊嚴經》	唐地婆訶羅譯
耶輸應夢	《佛本行集經》	隋闍那崛多譯、費長房等譯
初啟出家	《莊嚴經》，即《大莊嚴經》	唐地婆訶羅譯
夜半踰城	《莊嚴經》，即《大莊嚴經》	唐地婆訶羅譯
落髮貿衣	《莊嚴經》，即《大莊嚴經》	唐地婆訶羅譯
車匿辭還	《莊嚴經》，即《大莊嚴經》	唐地婆訶羅譯
車匿還宮	《莊嚴經》，即《大莊嚴經》	唐地婆訶羅譯
詰問林仙	《因果經》	劉宋求那跋陀羅所譯
勸請回宮	《因果經》	劉宋求那跋陀羅所譯
調伏二仙	《因果經》	劉宋求那跋陀羅所譯
六年苦行	《普曜經》	西晉竺法護譯
遠餉資糧	《因果經》	劉宋求那跋陀羅所譯
牧女乳糜	《因果經》	劉宋求那跋陀羅所譯
禪河澡浴	《莊嚴經》，即《大莊嚴經》	唐地婆訶羅譯

篇名	原始經典	主要譯者
天人獻衣	《莊嚴經》，即《大莊嚴經》	唐地婆訶羅譯
詣菩提場	《莊嚴經》，即《大莊嚴經》	唐地婆訶羅譯
天人獻草	《佛本行集經》	隋闍那崛多譯、費長房等譯
龍王讚歎	《佛本行集經》	隋闍那崛多譯、費長房等譯
坐菩提座	《莊嚴經》，即《大莊嚴經》	唐地婆訶羅譯
魔王驚夢	《佛本行集經》	隋闍那崛多譯、費長房等譯
魔子諫父	《佛本行集經》	隋闍那崛多譯、費長房等譯
魔女妶媚	《佛本行集經》	隋闍那崛多譯、費長房等譯
魔軍拒戰	《佛本行集經》	隋闍那崛多譯、費長房等譯
魔眾拽瓶	《雜寶藏經》	元魏吉迦夜、曇曜譯
地神作證	《佛本行集經》	隋闍那崛多譯、費長房等譯
魔子懺悔	《佛本行集經》	隋闍那崛多譯、費長房等譯
菩薩降魔	《佛本行集經》	隋闍那崛多譯、費長房等譯
成等正覺	《普曜經》	西晉竺法護譯
諸天讚賀	《普曜經》	西晉竺法護譯

第二卷《度化》

篇名	原始經典	主要譯者	篇名	原始經典	主要譯者
華嚴大法	《華嚴經》，全名《大方廣佛華嚴經》	東晉佛馱跋陀羅譯	二弟皈依	《普曜經》	西晉竺法護譯
頓制大戒	《梵網經》，又名《梵網菩薩戒經》	後秦鳩摩羅什譯	棄除祭器	《佛本行集經》	隋闍那崛多譯、費長房等譯
觀菩提樹	《大莊嚴經》，全名《方廣大莊嚴經》	唐地婆訶羅譯	竹園精舍	《因果經》	劉宋求那跋陀羅所譯
龍宮入定	《佛本行集經》	隋闍那崛多譯、費長房等譯	領徒投佛	《因果經》	劉宋求那跋陀羅所譯
林間宴坐	《佛本行集經》	隋闍那崛多譯、費長房等譯	迦葉求度	《因果經》	劉宋求那跋陀羅所譯
四王獻鉢	《佛本行集經》	隋闍那崛多譯、費長房等譯	假孕謗佛	《處胎經》	後秦竺佛念譯
二商奉食	《佛本行集經》	隋闍那崛多譯、費長房等譯	請佛還國	《大莊嚴經》	唐地婆訶羅譯
梵天勸請	《大莊嚴經》	唐地婆訶羅譯	認子釋疑	《大莊嚴經》	唐地婆訶羅譯
轉妙法輪	《因果經》	劉宋求那跋陀羅所譯	度弟難陀	《寶藏經》，即《雜寶藏經》	元魏吉迦夜、曇曜譯
度富樓那	《佛本行集經》	隋闍那崛多譯、費長房等譯	羅睺出家	《未曾有因緣經》	南齊曇景譯
仙人求度	《佛本行集經》	隋闍那崛多譯、費長房等譯	須達見佛	《賢愚經》	元魏慧覺等譯
耶舍得度	《因果經》	劉宋求那跋陀羅所譯	布金買地	《賢愚經》	元魏慧覺等譯
船師悔責	《佛本行集經》	隋闍那崛多譯、費長房等譯	玉耶受訓	《玉耶經》	東晉曇無蘭譯
降伏火龍	《因果經》	劉宋求那跋陀羅所譯	漁人求度	《賢愚經》	元魏慧覺等譯
急流分斷	《普曜經》	西晉竺法護譯	佛化無惱	《賢愚經》	元魏慧覺等譯

篇名	原始經典	主要譯者	篇名	原始經典	主要譯者
月光諫父	《月光童子經》	西晉竺法護譯	佛留影像	《觀佛三昧經》	東晉佛陀跋陀羅譯
申日毒飯	《月光童子經》	西晉竺法護譯	度諸釋種	《觀佛三昧經》	東晉佛陀跋陀羅譯
降伏六師	《賢愚經》	元魏慧覺等譯	降伏毒龍	《觀佛三昧經》	東晉佛陀跋陀羅譯
持劍害佛	《寶藏經》，即《雜寶藏經》	元魏吉迦夜、曇曜譯	化諸婬女	《觀佛三昧經》	東晉佛陀跋陀羅譯
佛救尼犍	《寶藏經》，即《雜寶藏經》	元魏吉迦夜、曇曜譯	阿難索乳	《乳光佛經》	西晉竺法護譯
初建戒壇	《戒壇圖經》	唐道宣撰	調伏醉象	《法句經》，即《法句譬喻經》	西晉法炬、法立譯
姨母求度	《中本起經》	後漢曇果、康孟詳譯	張弓害佛	《雜寶藏經》	元魏吉迦夜、曇曜譯
度跋陀女	《佛本行集經》	隋闍那崛多譯、費長房等譯	佛化盧志	《經律異相》	梁寶唱等撰集
再還本國	《寶積經》，即《大寶積經》	唐菩提流誌等譯	貧公見佛	《貧窮老公經》	劉宋慧簡譯
為王說法	《寶積經》，即《大寶積經》	唐菩提流誌等譯	老人出家	《賢愚經》	元魏慧覺等譯

第三卷《妙法》

篇名	原始經典	主要譯者	篇名	原始經典	主要譯者
淨土緣起	《觀無量壽經》	劉宋良耶舍譯	惡牛蒙度	《百緣經》	吳支謙譯
醜女改容	《百緣經》	吳支謙譯	白狗吠佛	《中阿含經》	東晉僧伽提婆與僧伽羅叉譯
鸚鵡請佛	《百緣經》	吳支謙譯	火中取子	《經律異相》	梁寶唱等撰集

篇名	原始經典	主要譯者	篇名	原始經典	主要譯者
見佛生信	《經律異相》	梁寶唱等撰集	祀天遇佛	《法句譬喻經》	西晉法炬、法立譯
因婦得度	《三摩竭經》	吳天竺沙門竺律炎譯	佛救嬰兒	《觀佛三昧經》	東晉佛陀跋陀羅譯
老婢得度	《觀佛三昧經》	東晉佛陀跋陀羅譯	鬼母尋子	《雜寶藏經》	元魏吉迦夜、曇曜譯
盲兒見佛	《越難經》	西晉聶承遠譯	金剛請食	《寶積經》	唐菩提流誌等譯
付囑天龍	《大集經》，全名《大方等大集經》	北涼曇無讖等譯	目連救母	《盂蘭盆經》	西晉竺法護譯
勸親請佛	《法句譬喻經》	西晉法炬、法立譯	施食緣起	《救面然餓鬼經》，全名《佛說救面然餓鬼陀羅尼神咒經》	唐實叉難陀譯
囑兒飯佛	《法句譬喻經》	西晉法炬、法立譯	說咒消災	《消災經》，又名《熾盛光大威德消災吉祥陀羅尼經》	唐不空譯
貰錢辦食	《經律異相》	梁寶唱等撰集	楊枝淨水	《請觀音經》	東晉竺難提譯
談樂佛至	《法句譬喻經》	西晉法炬、法立譯	採華獻佛	《採花違王經》，全名《採花違王上佛授決號妙花經》	東晉竺曇無蘭譯
說苦佛來	《法句譬喻經》	西晉法炬、法立譯	造幡供佛	《百緣經》	吳支謙譯
老乞遇佛	《經律異相》	梁寶唱等撰集	施衣得記	《賢愚經》	元魏慧覺等譯
度網漁人	《法句譬喻經》	西晉法炬、法立譯	小兒施土	《賢愚經》	元魏慧覺等譯
佛度屠兒	《法句譬喻經》	西晉法炬、法立譯	衣救龍難	《海龍王經》	西晉竺法護譯
度捕獵人	《法句譬喻經》	西晉法炬、法立譯	證明說咒	《大悲經》，全名《大悲心陀羅尼經》	唐伽梵達磨譯
無量壽會	《無量壽經》	曹魏康僧鎧譯	燃燈不滅	《賢愚經》	元魏慧覺等譯
佛化醜兒	《百緣經》	吳支謙譯	龍宮說法	《大雲輪請雨經》	唐不空譯
度除糞人	《經律異相》	梁寶唱等撰集	念佛法門	《阿彌陀經》	姚秦鳩摩羅什譯
救度賊人	《經律異相》	梁寶唱等撰集	佛讚地藏	《地藏十輪經》	唐玄奘譯

篇名	原始經典	主要譯者	篇名	原始經典	主要譯者
勝光問法	《勝光經》，全名《佛為勝光天子說王法經》	唐義淨譯	楞伽說經	《楞伽經》，全名《楞伽阿跋多羅寶經》	南朝求那跋陀羅譯
維摩示疾	《維摩詰經》	姚秦鳩摩羅什譯	圓覺總持	《圓覺經》，全名《大方廣圓覺修多羅了義經》	唐罽賓沙門佛陀多羅譯
文殊問疾	《維摩詰經》	姚秦鳩摩羅什譯	楞嚴大定	《楞嚴經》，全名《大佛頂如來密因修證了義諸菩薩萬行首楞嚴經》	唐般剌密帝譯
金鼓懺悔	《金光明經》	北涼曇無讖譯	般若真空	《大般若經》，全名《大般若波羅蜜多經》	唐玄奘譯

第四卷《涅槃》

篇名	原始經典	主要譯者	篇名	原始經典	主要譯者
法華妙典	《妙法蓮華經》	姚秦鳩摩羅什譯	佛救釋種	《長阿含經》	姚秦罽賓沙門佛陀耶舍共竺佛念譯
法傳迦葉	《指月錄》	明瞿汝稷集	為母說法	《楞嚴經》，全名《大摩訶摩耶經》	蕭齊曇景譯
飯王得病	《淨飯王泥洹經》	劉宋沮渠京聲譯	囑累地藏	《地藏菩薩本願經》	唐實叉難陀譯
佛還覲父	《淨飯王泥洹經》	劉宋沮渠京聲譯	最初造像	《造像經》，又稱《造像量度經》，全稱《舍利弗問造像量度經》	達磨多囉和查巴建參共譯
殯送父王	《淨飯王泥洹經》	劉宋沮渠京聲譯	姨母涅槃	《佛母般泥洹經》	劉宋慧簡譯

篇名	原始經典	主要譯者	篇名	原始經典	主要譯者
請佛入滅	《摩訶摩耶經》	蕭齊曇景譯	金剛哀戀	《金剛力士哀戀經》，全名《佛入涅槃密跡金剛力士哀戀經》	前秦（譯者佚失）
佛指移石	《涅槃經》（《大般涅槃經》四十卷）	北涼曇無讖譯	佛母得夢	《摩訶摩耶經》	蕭齊曇景譯
囑分舍利	《蓮花面經》	隋那連提耶舍譯	昇天報母	《摩訶摩耶經》	蕭齊曇景譯
付囑國王	《仁王般若經》	姚秦鳩摩羅什譯	佛母散華	《摩訶摩耶經》	蕭齊曇景譯
付囑諸天	《蓮花面經》	隋那連提耶舍譯	佛從棺起	《摩訶摩耶經》	蕭齊曇景譯
付囑龍王	《蓮花面經》	隋那連提耶舍譯	金棺自舉	《涅槃經後分》	唐若那跋陀羅譯
請佛住世	《大般涅槃經》	北涼曇無讖譯	佛現雙足	《處胎經》	後秦竺佛念譯
大龍悲泣	《蓮花面經》	隋那連提耶舍譯	凡火不然	《涅槃經後分》	唐若那跋陀羅譯
魔王說咒	《大般泥洹經》	東晉法顯譯	聖火自焚	《涅槃經後分》	唐若那跋陀羅譯
純陀後供	《大般泥洹經》	東晉法顯譯	應盡還源	《涅槃經後分》	唐若那跋陀羅譯
度須跋陀	《涅槃經後分》	唐若那跋陀羅譯	均分舍利	《處胎經》	後秦竺佛念譯
佛現金剛	《穢跡金剛經》，全名《穢跡金剛說神通大滿陀羅尼法術靈要文經》	唐阿質達霰譯	結集法藏	《處胎經》	後秦竺佛念譯
如來懸記	《法住經》，全名《佛臨涅槃記法住經》	唐玄奘譯	育王起塔	《阿育王傳》	西晉安法欽譯
最後垂訓	《長阿含經》	姚秦罽賓沙門佛陀耶舍共竺佛念譯	迦葉付法	《付法藏經》	元魏吉迦夜、曇曜譯
荼毗法則	《涅槃經後分》	唐若那跋陀羅譯	雞足入定	《阿育王傳》	西晉安法欽譯
臨終遺教	《佛遺教經》	後秦鳩摩羅什譯	商那受法	《付法藏經》	元魏吉迦夜、曇曜譯
雙林入滅	《涅槃經後分》	唐若那跋陀羅譯	毱多籌算	《付法藏經》	元魏吉迦夜、曇曜譯

篇名	原始經典	主要譯者
蜜多持幡	《付法藏經》	元魏吉迦夜、曇曜譯
馬鳴辭屈	《付法藏經》	元魏吉迦夜、曇曜譯
龍樹造論	《付法藏經》	元魏吉迦夜、曇曜譯
天親造論	《成道記註》	唐道誠撰
師子傳法	《付法藏經》	元魏吉迦夜、曇曜譯
大法東來	《佛祖統記》	宋釋志磐撰

正使久在世，終歸會當滅。雖生長壽天，命亦要當盡。
事成皆當敗，有者悉磨滅。壯為老所壞，強者病所困。
人生皆有死，無常安可久，妻子及象馬，錢財悉復然。
世間諸親戚，眷屬皆別離。唯有生老苦，病死之大患。

《大般泥洹經．長者純陀品》偈